KB041570

THE ONE THING

The One Thing;
The Surprisingly Simple Truth Behind Extraordinary Results
by Gary Keller with Jay Papasan
Originally published by Bard Press, Austin, Texas

복잡한 세상을 이기는 단순함의 힘

원씽

THE
ONE
THING

게리 켈러 · 제이 파파산 지음 | 구세희 옮김

비즈니스북스

옮긴이 **구세희**

한양대학교 관광학과와 호주의 호텔경영대학교(ICHM)를 졸업하고 국내외 호텔과 외국계 기업에서 근무했다. 번역에 매력을 느껴 과감히 하던 일을 그만둔 후 현재 번역 전문 그룹인 바른번역 소속 번역가로 여러 가지 분야의 글을 연구하며 영어를 훌륭한 우리 글로 옮기는 데 매진하고 있다. 옮긴 책으로는 《정치를 비즈니스로 만든 우파의 탄생》, 《니얼 퍼거슨의 시빌라이제이션》, 《니얼 퍼거슨 위대한 퇴보》, 《커넥티드 컴퍼니》, 《헤드헌터》, 《제로의 힘》, 《위대함의 법칙》, 《진화론 산책》, 《스몰 메시지 빅 임팩트》, 《그림자 없는 남자》 등이 있다.

원씽 THE ONE THING

1판 1쇄 발행 2013년 8월 30일
1판 155쇄 발행 2025년 1월 3일

지은이 | 게리 켈러 · 제이 파파산
옮긴이 | 구세희
발행인 | 홍영태
편집인 | 김미란
발행처 | (주)비즈니스북스
등 록 | 제2000-000225호(2000년 2월 28일)
주 소 | 03991 서울시 마포구 월드컵북로6길 3 이노베이스빌딩 7층
전 화 | (02)338-9449
팩 스 | (02)338-6543
대표메일 | bb@businessbooks.co.kr
홈페이지 | http://www.businessbooks.co.kr
블로그 | http://blog.naver.com/biz_books
페이스북 | thebizbooks
인스타그램 | bizbooks_kr
ISBN 978-89-97575-16-9 13190

두 마리 토끼를 쫓으면……

두 마리 다 잡지 못하고 말 것이다.

| 차례 |

| 제1부 | ## 거짓말
의심해 봐야 할 성공에 관한 여섯 가지 믿음

•

한국의 독자들에게

•

나는 이 책의 처음부터 끝까지 오직 한 가지 질문만 던질 것이다. 그 질문에 담긴 깊이와 파장은 오직 당신만이 알 수 있다. 질문에 대한 해답 또한 당신만의 특별한 경험, 독특한 시각 그리고 변화를 향한 신념에 따라 달라질 것이다. 어떤 답이 나오든, 그 파장이 크든 작든, 정답이란 없으며 그것은 결코 나의 관심사가 아님을 밝혀 둔다. 나는 그저 당신이 변화를 향해 한 걸음 움직이길 바랄 뿐이다. 나의 한 가지 질문은 다음과 같다.

당신의 '단 하나'는 무엇인가?

누구에게나 자신의 삶을 의미 있게 만드는 '단 하나'(The One Thing)가 있다. 인생 전체를 감싸는 혹은 개인적인 삶, 인간관계, 커리어, 사업,

재정 문제 등 삶의 여러 부분들에서 가장 본질적으로 생각하는 '단 하나'가 있을 것이다. 이 책에서 말하고자 하는 가장 근본적인 핵심은 이토록 다양한 분야에서 각각 자신만의 '단 하나'를 찾아내고 그것을 위해 노력해야 한다는 점이다.

직업적인 맥락에서 나의 단 하나는 내가 가진 지식과 경험을 전달하고 사람들과 공유하는 일이다. 사업가로서 다른 업무와 역할을 해야 할 때도 많지만 나는 언제나 교육자의 입장으로 돌아가는 것을 최우선으로 삼는다. 그것이 나의 열정을 불태울 수 있는 단 하나의 분야이기 때문이다. 지금까지 1대 1의 코칭이나 수많은 강연을 통해서 그리고 넓은 세상을 더 작게 만들어 주는 기술을 통해 전 세계의 다양한 사람들과 소통했던 경험은 내가 누릴 수 있는 유일한 특권이자 크나큰 영광이었다. 나의 이 단 하나를 한국의 독자들에게도 전할 수 있어 너무 행복하다.

여러분들이 더 적은 일을 통해 더 많은 일을 해낼 수 있도록 도움이 되었으면 하는 바람이다. 자신의 초점을 더욱 좁힐 수 있는 통찰을 얻고, 각자가 원하는 탁월한 성과를 이루어 내길 바란다. 여러분 각자의 목소리가 자유롭게 울려 퍼지기를 바라며.

이제 남은 건 전진뿐이다.

텍사스 오스틴에서

게리 켈러

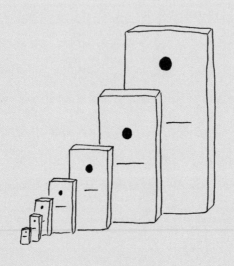

i

당신에게 가장 중요한
'단 하나' 는 무엇인가

가장 힘든 길을 가려면 한 번에 한 발씩만 내딛으면 된다.
단, 계속해서 발을 움직여야 한다.
– 중국 속담

1991년 6월 7일, 지구가 112분 동안 흔들렸다.

물론 실제로 지진이 난 것은 아니었다. 하지만 꼭 세상이 흔들린 듯한 그런 느낌이었다.

그때 나는 《굿바이 뉴욕, 굿모닝 내 사랑》(City Slickers)이라는 영화를 보고 있었는데, 극장 안은 관객들의 웃음소리로 들썩이고 있었다. 영화사(史)를 통틀어 가장 재미있는 작품 중 하나로 손꼽히는 이 영화에는 곳곳에 멋진 지혜와 통찰이 담겨 있다. 그중에서도 특히 기억에 남는 장면이 있다. 고집스러운 카우보이 '컬리'와 소몰이에 관해서는 아무것도 모르는 전형적인 도시남자 '미치'는 목장을 탈출한 소떼를 찾기 위해 단둘이 길을 떠난다. 영화 내내 티격태격 부딪히기만 하던 둘은 나란히 말을 타고 가면서 인생에 대한 대화를 나누다가 마침내 마음이 통하게 된다. 갑자기 말을 멈춰 세운 컬리는 안장 위에 앉은 채로 미치를 향해 질문을 던졌다.

> 컬리 : 자네, 인생에서 성공하는 비결이 뭔지 아나?
>
> 미치 : 아니요. 모르겠는데요. 뭔데요?
>
> 컬리 : 바로 이거지(손가락 하나를 들어 올린다).
>
> 미치 : 손가락이요?
>
> 컬리 : 하나. 단 하나(One thing. Just one thing). 그 하나만 끈질기게 해나가면 다른 모든 일은 아무 의미가 없어지거든.
>
> 미치 : 그거 참 대단하군요. 근데 그 '단 하나'가 대체 뭔데요?
>
> 컬리: 그건 자네가 직접 알아내야지.

작가가 의도했든 아니든, 컬리는 성공에 관한 완벽한 비밀을 알고 있었다. 그것은 '단 하나'(The one thing)만이 자신이 원하는 것을 얻을 수 있는 최고의 방법이라는 것이다.

하지만 내가 그 진리를 제대로 깨닫고 이해한 것은 영화를 본 지 한참 지나서였다. 과거에 수차례 성공을 경험한 CEO였던 나는 어느 순간, 높은 벽에 가로막힌 채 멈춰 서 있었다. 나와 내 동료들은 10년도 채 안

되는 짧은 기간 동안 국내외를 넘나들며 활동하는 성공적인 기업을 세 웠지만, 돌연 그 모든 것이 예전처럼 매끄럽게 돌아가지 않음을 느끼고 있었다. 그렇게 몸과 마음을 바쳐 헌신했건만 내 삶은 원하는 대로 돌 아가지 않았다. 마치 나를 둘러싼 모든 것들이 한꺼번에 무너져 내리는 것만 같은 절망감에 빠져 들기 시작했다.

그렇게 나는 제대로 실패를 맛보고 있었다.

무언가는 포기해야만 한다

그제야 나는 일에 대한 나의 접근법과 그동안의 결과를 연관 지어 생각 하게 되었다. 그리고 지푸라기라도 잡는 심정으로 경영 컨설턴트를 만 나 그에게 내 상황을 설명했다. 개인적으로나 사업적으로 직면한 문제 점들을 토로했으며, 내가 원하는 삶의 목표와 인생의 궤도에 대해서도 함께 논의했다. 일단 내 문제점들을 전체적으로 파악한 그는 아주 철저 하게 해결책을 탐색해 나가기 시작했다. 얼마 뒤 우리가 한 자리에 마 주앉았을 때 그는 내 회사의 조감도, 한 마디로 회사 전체를 공중에서 내려다본 것과 같은 그림을 보여 주었다.

우리의 대화는 간단한 질문 하나로 시작됐다.

"이 상황을 돌려놓기 위해 무슨 조치를 취해야 하는지 알고 있습니 까?"

"아니오."

알고 있기는커녕 내겐 아무 생각도 없었다.

그는 내가 해야 할 일은 하나밖에 없다고 했다. 조직 내에서 새 인물로 교체해야 할 자리 열네 곳을 파악했으니 그 자리에 제대로 된 인물을 영입한다면 회사도, 나의 일도, 나의 삶도 획기적으로 바뀔 것이라고 했다. 나는 깜짝 놀랐다. 큰 변화를 일으키려면 그런 것보다는 더 엄청나고 대단한 조치가 필요하지 않겠느냐고 되물었다.

그는 단호하게 말했다.

"아닙니다. 예수에게는 열두 명의 사도가 필요했고, 당신은 열네 명이 필요한 것뿐입니다."

내 삶이 크게 바뀌는 순간이었다. 그렇게 작은 변화로 회사가 엄청나게 달라질 수 있으리라고는 생각해 본 적이 없었다. 그리고 내가 생각만큼 나의 목표, 내가 해야 할 일에 집중하고 있지 않았다는 사실도 분명하게 알 수 있었다. 컨설턴트와 상의하면서 그 시점에서 내가 할 수 있는 가장 중요한 일은 다른 그 무엇이 아니라 바로 적합한 열네 명의 사람들을 찾는 것이었다. 그래서 나는 그날의 만남 이후 엄청난 결정을 내렸다. 바로 나를 해고한 것이다.

그렇게 나는 CEO의 자리에서 물러난 뒤 열네 명의 사람을 찾는 일에만 집중했다.

그러자 이번에는 정말로 지구가 흔들렸다. 우리 회사가 3년도 안 되어 연성장률 40퍼센트를 달성하더니 거의 10년 가까이 그 추세가 이어진 것이다. 미국의 한 지역 업체였던 우리는 글로벌 기업들과 어깨를 나란히 하는 위치까지 올라갔다. 놀라운 성공이 이어졌고 그때 이후로 우리는 절대 뒤를 돌아보지 않았다.

성공이 또 다른 성공을 불러일으킨 그 여정에서 또 하나 흥미로운 일이 벌어졌다. 바로 '단 하나'가 무엇인지 쉽게 설명할 수 있게 된 것이다.

열네 명의 핵심 인력을 새로 뽑은 나는 그들 각자의 커리어와 업무를 개별적으로 관리하기 시작했다. 그들과의 코칭 시간이 끝날 때는 언제나 다음에 만나기 전까지 끝내야 할 일이 무엇인지 함께 논의하는 것으로 마무리했다. 그런데 많은 사람들이 하기로 한 일의 대부분은 기간 내에 마쳤지만 정작 제일 중요한 일은 제대로 끝내지 못하고 있었다. 당연히 결과가 좋을 리 없었고, 실망과 좌절감이 뒤따랐다. 나는 그들을 돕는 차원에서 해야 할 일의 가짓수를 줄이기 시작했다. "이번 주에 이 세 가지 일만 할 수 있다면……", "이번 주에 이 두 가지 일만 마무리 짓는다면……." 그래도 만족스럽지 못한 결과가 나오자 나는 자포자기하는 심정으로 "당신이 이번 주에 할 수 있는 일 중 다른 모든 일들을 제쳐 두고서라도 꼭 해야 할 단 '한 가지 일'(The ONE Thing)이 무엇입니까?"라고 묻는 지경에 이르렀다.

그런데 그렇게 묻자 놀라운 일이 벌어졌다. 사람들의 실적이 하늘 높은 줄 모르고 치솟기 시작한 것이다.

그런 경험을 겪은 후 나는 과거의 성공과 실패를 돌아보면서 흥미로운 패턴 하나를 발견했다. 오늘의 흔들림 없는 성공과 과거의 들쭉날쭉

한 성공에는 무슨 차이가 있었을까? 내가 큰 성공을 거뒀을 때에는 단 하나의 일에만 모든 정신을 집중했다. 그러나 성공이 들쭉날쭉했을 때는 나의 집중력도 여러 군데에 퍼져 있었던 것이다.

순간 머릿속에서 전구가 '반짝' 했다.

중요한 일만 파고들어라

사람에게 주어진 시간은 모두 공평하게 하루 24시간인데 왜 어떤 이들은 다른 이들보다 더 많은 일을 해내는가? 그들은 어떻게 더 많은 일을 하고, 더 많은 것을 이룩하며, 더 많이 벌고, 더 많은 것을 소유하는가? 시간이 곧 성취를 얻기 위한 화폐라면, 어떻게 누군가는 똑같이 주어진 시간을 더 많은 화폐로 바꾸는 것인가? 그들은 어떤 일의 핵심에 모든 걸 집중했다. 즉, 그들은 중요한 일에만 파고들었던 것이다.

원하는 일이 어떤 것이든 최고의 성공을 원한다면 접근방법은 늘 같은 방식이어야 한다. 핵심 속으로 파고들어야 한다.

'파고든다는 것'은 곧 자신이 할 수 있는 다른 모든 일을 무시하고 반드시 해야만 하는 일에만 집중하는 것을 뜻한다. 또한 모든 일의 중요성이 똑같지 않음을 인식하고, 가장 중요한 일을 찾아내는 것이다. 이것은 자신이 '하는' 일과 자신이 '원하는' 일을 연결 짓는 아주 단호한 방식이기도 하다. 탁월한 성과는 당신의 초점(focus)을 얼마나 좁힐 수 있느냐와 밀접하게 연결되어 있다.

　자신의 일과 삶에서 최대한 많은 것을 얻어 내려면 최대한 파고들어야 한다. 하지만 대부분의 사람들은 이렇게 생각하지 않는다. 이들은 커다란 성공은 시간이 아주 오래 걸리고 매우 복잡한 과정을 거쳐야 한다고 생각한다. 그래서 그들의 달력과 할 일 목록에는 너무 많은 것들이 담겨 감당할 수 없을 지경에 이른다. 성공은 점점 더 멀게만 느껴지고 결국 보잘것없는 결과에도 만족하고 마는 일이 생기게 된다. 이들은 소수의 몇 가지 일을 잘해낼 때 커다란 성공이 온다는 것을 모르고, 너무 많은 일을 하려고 애쓰다 길을 잃는다. 결과적으로 너무나도 적은 일을 해내는 데 그친다. 시간이 흐를수록 기대치는 점점 낮아지고, 꿈을 포기하며, 삶 자체가 움츠러든다. 하지만 핵심을 파고들면 상황은 달라진다.

　우리에게 주어진 시간과 에너지는 한정되어 있다. 그것을 너무 넓게 펼치려 애쓰다 보면 노력은 종잇장처럼 얇아진다. 사람들은 일의 양에 따라 성과가 점점 더 쌓이기를 바라는데, 그렇게 하려면 '더하기'가 아닌 '빼기'가 필요하다. 더 큰 효과를 얻고 싶다면 일의 가짓수를 줄여야 한다. 한 번에 너무 많은 일을 하려다 보면 처음엔 그렇게 하는 것이 효과가 있는 것처럼 보인다. 그러나 아무것도 줄이지 않은 채 일을 자꾸 더하기만 하면 결국엔 부정적인 결과를 맞을 수밖에 없다. 마감 기한을 수시로 놓치게 되고, 만족스럽지 못한 결과가 나타나며, 스트레스가 높아지고, 업무 시간이 길어지며, 수면 시간이 줄고, 영양 상태가 나빠지며, 운동을 못하고, 가족은 물론이고 친구들과 함께 보내는 시간도 줄어든다. 이 모두가 생각보다 얻기 쉬운 것들을 좇으며 쓸데없이 노력을 낭비했기 때문이다.

한 가지에 파고드는 것은 남다른 성과를 내기 위한 간단한 방법이다. 게다가 효과도 좋다. 언제든, 어디에서든, 어떤 경우에서든 통한다. 왜일까? 단 하나의 목적의식, 궁극적으로 본인이 원하는 곳까지 도달한다는 단 하나의 목표만을 갖게 하기 때문이다.

핵심을 파고들게 되면 단 하나만을 바라보게 된다. 그게 가장 중요하다.

2

도미노 효과

모든 위대한 변화는 차례로 쓰러지는 도미노처럼 시작된다.
―BJ 쏜턴(미국의 소설가)

2009년 11월 13일, 네덜란드의 레바르덴에서 '도미노'의 날 행사가 열렸다. 도미노 기업인 '베이어스'는 4,491,863개가 넘는 도미노를 화려하게 늘어세우며 세계 기록 경신에 도전했다. 도미노 하나에서 시작된 연쇄 반응은 총 94,000줄(J)의 에너지를 방출하게 되는데, 이는 평균적인 성인 남성이 545개의 팔굽혀펴기를 하는 데 필요한 에너지와 맞먹는다.

줄지어 서 있는 도미노는 각각 일정한 양의 잠재적 에너지를 의미한다. 더 많이 세울수록 더 많은 잠재 에너지를 축적하게 돼 많은 수의 도

그림 1 | 도미노 등비수열

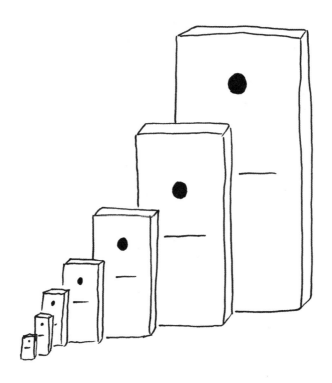

미노를 세워 놓는다면 손가락을 한 번 간단히 튕기는 것만으로도 놀라운 힘을 발생시킬 수 있다. 베이어스는 바로 그걸 증명해 냈다. 단 하나, 그것도 제대로 된 하나가 움직이기 시작하면 많은 것들을 쓰러뜨릴 수 있다. 하지만 그게 전부는 아니다.

1983년, 과학자이자 작가인 론 화이트헤드는 《미국 물리학 저널》을 통해 도미노 하나가 줄지어 선 다른 도미노를 쓰러뜨릴 뿐만 아니라 훨씬 더 큰 것도 쓰러뜨릴 수 있다고 말했다. 구체적으로 한 개의 도미노는 자신보다 1.5배가 큰 것도 넘어뜨릴 수 있는 힘을 가진다고 그는 설명했다.

이 의미를 이해하겠는가? 도미노 한 개가 크기가 같은 다른 도미노뿐 아니라 제 몸집보다 훨씬 더 큰 것들까지 넘어뜨릴 수 있다는 말이다. 2001년 샌프란시스코 과학관의 한 물리학자는 합판으로 도미노 여덟 개를 만들어 화이트헤드의 실험을 재연했다. 뒤의 도미노를 앞의 도미노보다 1.5배 더 크게 만든 것이다. 그러자 어떤 일이 벌어졌을까? 첫 번째 도미노는 높이가 5센티미터에 불과했지만 마지막 것은 거의 90센티미터에 가까워졌다. 그 결과 손가락으로 '톡' 건드려 도미노를 움직이기 시작해 '아주 커다란 꿍음'을 들을 수 있었다.

이것이 계속 이어진다면 어떤 결과가 생길지 상상해 보라. 일반적인 도미노가 등차수열이라면 화이트헤드의 도미노는 등비수열이라고 할 수 있다. 그 결과는 상상을 초월한다. 열 번째 도미노는 프로 미식축구 리그의 유명한 쿼터백 페이튼 매닝만큼 클 것이다. 열여덟 번째에 이르면 피사의 사탑만큼 높은 도미노를 보게 될 것이다. 스물세 번째 도미노는 에펠탑보다 클 것이고, 서른한 번째 도미노는 에베레스트 산보다 900미터나 더 높을 것이다. 그리고 쉰일곱 번째 도미노는 말 그대로 지구에서 달까지 다리를 놓아줄 것이다!

그림 2 | 등비수열은 아주아주 긴 기차와 같아서 처음에는 천천히 움직이지만 얼마 지나지 않아 그 속도가 멈출 수 없이 빨라진다.

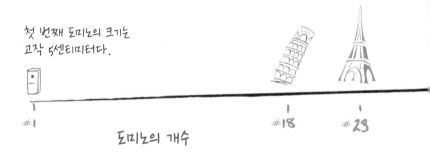

도미노 - 등비수열

첫 번째 도미노의 크기는
고작 5센티미터다.

#1

도미노의 개수

#18   #23

남다른 성과를 얻으려면

그러니 앞으로 성공을 생각할 때는 항상 달을 목표로 삼아라. 남다른 성과를 얻기 위해선 삶에서 도미노 효과를 만들어 내야 한다.

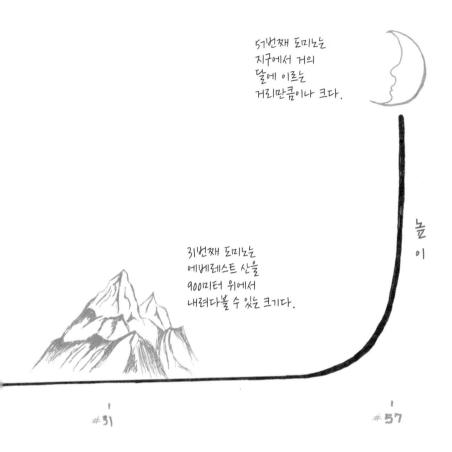

57번째 도미노는 지구에서 거의 달에 이르는 거리만큼이나 크다.

31번째 도미노는 에베레스트 산을 900미터 위에서 내려다볼 수 있는 크기다.

놀이

#31

#57

　도미노를 쓰러뜨리는 일은 생각보다 단순하다. 줄을 맞춰 세운 다음 첫 번째 것을 건드려 넘어뜨리기만 하면 된다. 하지만 실제 세상에서는 일이 조금 더 복잡하다. 인생이 우리를 위해 모든 일을 나란히 줄 세워 두고 "자, 여기에서부터 시작하면 돼."라고 친절히 알려 주지 않기 때문이다. 큰 성공을 거두는 사람들은 이 사실을 잘 알고 있다. 그래서 매일 우선순위를 새로 정하고 첫 번째 도미노 조각을 찾은 다음, 그것이 넘어질 때까지 있는 힘껏 내리친다.

이런 방법이 통하는 이유는 무엇인가? 훌륭한 성공은 동시다발적으로 일어나는 것이 아니라 순차적으로 일어나기 때문이다. 선형으로 시작된 것이 기하급수적으로 변한다. 올바른 결정을 내리고, 그다음에 또 한 가지 올바른 결정을 내린다. 시간이 흐르면서 이것들이 쌓이다 보면 성공의 잠재력이 봇물 터지듯 발산된다. 도미노 효과는 당신의 업무나 사업처럼 큰 그림을 그려야 하는 일에도 적용되고, 매일 다음번엔 무슨 일을 할까처럼 결정을 내리는 아주 작은 순간에도 적용된다. 성공은 성공 위에 쌓이고, 이런 일이 반복적으로 일어나면 최고로 높은 수준의 성공을 향해 움직일 수 있게 된다.

지식이 풍부한 사람이 있다면 그것은 오랜 시간에 걸쳐 배운 것이다. 숙련된 기술을 가진 사람이 있다면 그것은 오랜 시간에 걸쳐 갈고 닦은 것이다. 많은 일을 해낸 사람이 있다면 그것은 오랜 시간에 걸쳐 해낸 것이다. 돈이 많은 사람이 있다면 그것은 오랜 시간에 걸쳐 번 것이다.

핵심은 오랜 시간이다. 성공은 연속하여 쌓인다. 단, 한 번에 하나씩이다.

3

성공은 반드시
단서를 남긴다

스스로 결정한 단 하나를 위해 노력하는 외골수가 되어라.
– 조지 S. 패튼 (미국의 장군)

한 가지에 집중하는 것이 중요하다는 증거는 사방에 널려 있다. 자세히 살펴보기만 한다면 쉽게 찾을 수 있을 것이다.

산업의 핵심이 되는 하나의 제품

놀라운 성공을 거둔 기업들은 항상 스스로를 가장 유명하게 만들거나 가장 많은 돈을 벌어다 준 하나의 제품이나 서비스를 가지고 있다. 샌

더스 대령은 하나의 치킨 조리법을 가지고 KFC를 시작했다. 아돌프 쿠어스(미국의 대표적 맥주회사 '쿠어스'의 창업자—옮긴이)는 1947년부터 1967년까지 하나의 양조장에서 만든 단 하나의 제품으로 1,500퍼센트라는 경이로운 성장세를 기록했다. 마이크로프로세서는 인텔의 이익 중 대부분을 차지한다. 그리고 스타벅스는 어떤가? 말하지 않아도 알리라 생각한다. 단 하나의 힘을 통해 남다른 성과를 이끌어 낸 기업은 수도 없이 많다. 때로는 기업이 만드는 상품이나 제공하는 서비스가 그대로 팔리기도 하지만 때로는 그렇지 않을 때도 있다. 구글을 예로 들어보자. 그들이 가진 단 하나는 검색이고, 그것은 그들의 핵심 수입원인 광고를 가능케 한다.

《스타워즈》(Star Wars)는 어떤가? 《스타워즈》가 가진 '단 하나'는 영화인가, 아니면 관련 상품인가? 관련 상품이라고 답했다면 맞을 수도 있고, 틀릴 수도 있다. 《스타워즈》가 지금까지 캐릭터 완구를 통해 벌어들인 수입은 약 100억 달러에 달하지만, 총 여섯 편의 영화로 벌어들인 수입은 그의 절반에도 못 미치는 43억 달러에 불과하다. 그러나 내가 생각하기에 그들이 가진 단 하나는 영화다. 왜냐하면 그렇게 큰돈을 벌어다 준 완구나 관련 상품은 애초에 영화가 없었다면 만들어질 수 없는 것이기 때문이다.

답이 언제나 뚜렷하게 보이는 것은 아니지만 그렇다고 해서 '단 하나'를 찾는 일이 중요하지 않은 것은 아니다. 또 기술 혁신, 문화적 변화, 심화되는 경쟁 등으로 때로는 한 기업의 '단 하나'가 진화하거나 바뀌어야 하는 순간도 온다. 성공적인 기업들은 이를 잘 알고 있고, 그래서 언제나 "우리가 가진 단 하나는 무엇인가?"를 자문하는 일을 멈추지 않는다.

애플은 훌륭한 '단 하나'를 또 다른 것으로 바꾸는 동안에도 단 하나의 힘을 유지시킨 완벽한 사례다. 1998년부터 2012년까지 애플의 '단 하나'는 맥 컴퓨터에서 아이맥, 아이튠즈, 아이팟, 아이폰을 거쳐 아이패드로 바뀌었다. 그리고 아이패드는 벌써 제품의 생산라인 가장 꼭대기에서 선두 자리를 노리고 있다. 새로운 '황금 기기'가 조명을 받는 동안에도 다른 제품들의 생산이 중단되지 않았고, 세일 상품으로 전락하지도 않았다. 현재의 '단 하나'가 새로운 디자인과 기능으로 화제를 모으는 동안에도 다른 제품들은 계속해서 업그레이드되고 있었다. 이렇게 되면 결과적으로 사용자들은 애플 제품군 전체를 갖게 될 가능성이 높아진다.

기업이 자신만의 '단 하나'를 갖게 되면 사업 자체를 완전히 다른 눈으로 보게 된다. 지금 당신의 회사가 가진 '단 하나'가 무엇인지 모르겠다면 그것을 알아내는 일이 바로 당신이 해야 할 '단 하나'의 일이다.

혼자 성공하는 사람은 없다

'단 하나'라는 개념은 단순히 물건에만 적용되지 않는다. 이 개념을 사람에게 적용해 보면 '한 사람'(The one person)의 힘이 얼마나 큰 차이를 만들어 내는지 알 수 있다. 월트 디즈니는 고등학교 1학년 때 시카고 예술대학에서 야간 과정을 들으며 학교 신문사의 만화가가 되었다. 졸업 후 신문사에 들어가 만화를 그리고 싶었지만 일자리를 구할 수 없게 되자, 사업가 겸 은행가였던 그의 형 로이가 월트 디즈니를 아트 스튜디오에 취직시킨다. 그는 그곳에서 애니메이션을 배웠고, 그때부터 애니메이션 만화를 그리게 된다. 월트 디즈니의 '한 사람'은 바로 형인 로이였다.

월마트의 창업주 샘 월튼에게 있어 '한 사람'은 첫 소매점인 벤 프랭클린 가맹점을 시작할 수 있도록 2만 달러를 빌려준 장인 롭슨이었다. 롭슨은 월튼이 첫 번째 월마트를 열었을 때 매장 확대를 위해 건물 주인에게 몰래 2만 달러를 지불하기도 했다.

알베르트 아인슈타인에게는 최초의 멘토 막스 탈무드가 있었다. 열 살 먹은 아인슈타인에게 수학과 과학, 철학의 핵심 개념을 가르친 사람이 바로 그였다. 막스 탈무드는 어린 아인슈타인을 지도하는 6년 동안 일주일에 한 번씩 그의 가족들과 식사를 하기도 했다.

혼자 힘으로 설 수 있는 사람은 아무도 없다.

오프라 윈프리는 아버지 덕분에, 그리고 아버지와 새어머니와 함께 보낸 시간 덕분에 '살아남을 수' 있었다고 그들에게 감사를 전한다. 《워싱턴 포스트 매거진》의 질 넬슨 기자에게 그녀는 "아버지에게 보내지지 않았다면 완전히 다른 방향으로 갔을 거예요."라고 말했다. 비즈니스적인 부분에서 그녀를 도와준 사람은 처음 맺은 근로계약과 관련해 조언을 얻으러 갔다 만난 '변호사 겸 에이전트 겸 매니저 겸 금융 조언자'인 제프리 제이컵스였다. 그는 그녀에게 더 이상 단순한 출연료를 대가로 일을 하지 말고 직접 사업을 시작해 보라고 제안했고, 결국 그 일을 계기로 오프라 윈프리의 하포 프로덕션 주식회사가 탄생하게 되었다.

세상 사람들은 존 레논과 폴 매카트니가 서로의 음악 세계에 어떤 영향을 주었는지는 잘 알고 있지만 당시 음반 녹음 스튜디오에 조지 마틴이라는 사람이 있었다는 사실은 잘 모른다. 역대 최고의 음반 프로듀서 중 한 사람으로 꼽히는 마틴은 비틀즈의 여러 앨범에 광범위하게 참여했고, '다섯 번째 비틀'이라고도 불린다. 마틴의 음악적 전문성은 비틀즈가 가진 다듬어지지 않은 재능과 그들이 원했던 음악적 결과물 사이의 틈새를 채워 주는 역할을 했다. 음악에 들어간 오케스트라 연주와 기악 편성뿐 아니라 초기 음반의 수많은 키보드 연주는 거의 대부분 마틴이 작곡하거나 연주한 것이다.

사람에게는 누구나 자신에게 최초로 영향을 끼치고, 자신을 훈련시키고 혹은 관리해 준, 가장 중요한 단 한 사람이 있기 마련이다.

누구도 홀로 성공할 수 없다. 그 누구도.

더 큰 성공으로 이끄는 하나를 향한 열정

놀라운 성공담들을 잘 살펴보면 거기에는 언제나 단 하나의 힘이 작용하고 있음을 알 수 있다. 이것은 잘나가는 기업 혹은 성공을 거둔 사람들의 삶 어디에서나 확인할 수 있다. 또한 개인의 열정과 기술 속에서도 발견할 수 있다. 우리는 모두 자기만의 열정과 기술을 가지고 있다. 하지만 그중에서도 탁월한 성공을 거둔 사람들은 단 하나를 향한 강렬한 열정 또는 단 하나의 특별한 기술을 지니고 있다. 그리고 바로 그것이 그들을 더 큰 성공으로 이끌었다.

때로는 열정과 기술 사이의 경계가 흐려지기도 한다. 그 두 가지는 언제나 연관되어 있기 때문이다. 미국의 가장 위대한 인상파 화가 중 한 명인 팻 매튜스는 매일 한 장씩 그림을 그림으로써 그림을 향한 열정을 기술로, 그리고 마침내는 직업으로 바꾸었다고 말했다. 이탈리아에서 가장 큰 성공을 거둔 여행 가이드 안젤로 아모리코는 조국을 향한 열정과 그것을 다른 이들과 나누고 싶은 욕구에서 자신의 기술을 갈고 닦았고, 그것이 결국 사업으로 이어졌다고 말한다. 놀라운 성공담은 대체로 이런 이야기에서 출발한다. 무언가를 향한 열정은 곧 어마어마한 양의 연습이나 노력으로 이어진다. 그렇게 쓰인 시간은 기술로 축적되고, 기술이 나아지면 결과 역시 나아진다. 더 나은 결과는 보통 더 많은 즐거움을 불러오고, 그러면 다시 더 많은 열정과 시간이 투자된다. 탁월한 성과로 나아가는 선순환이 이루어지는 것이다.

길버트 투하본예가 가진 하나의 열정은 '달리기'였다. 길버트는 부룬디(Burundi, 아프리카 중동부에 있는 공화국—편집자)의 송가(Songa)에서 태어났다. 어릴 적부터 달리기를 좋아했던 그는 고등학교 1학년 때 부룬디 전국육상대회에서 400미터와 800미터 부문의 우승자가 되기도 했다. 그리고 이러한 그의 열정은 그의 목숨까지 구해 주었다.

1993년 10월 21일, 후투(Hutu) 족이 길버트가 다니던 고등학교를 침입해 투치(Tutsi) 족 학생들을 습격하는 사건이 일어났다(후투 족과 투치 족은 르완다와 부룬디에 거주하는 아프리카 종족의 하나로, 오랜 대립과 갈등으로 여러 차례 대규모 유혈충돌이 발생한 바 있다—편집자). 그 자리에서 살해되지 않은 학생들은 근처 다른 건물로 끌려가 잔인하게 폭행당한 뒤 산 채로 불에 태워졌다. 아홉 시간 동안이나 불타는 시체들 사이에 묻혀 있던 투하본예는 빠른 달리기 실력으로 그곳을 가까스로 탈출하여 병원에 숨을 수 있었다. 그는 그 사건에서 살아남은 유일한 생존자였다.

투하본예는 이후 미국 텍사스로 이주했고, 계속 육상 경기에 참가하며 기술을 갈고 닦았다. 애빌린 크리스천 대학교에 입학하게 된 그는 미국 장거리 육상선수가 되었고, 전미육상대회에서 통산 여섯 번이나 메달을 땄다. 졸업하고 오스틴으로 이사한 뒤에는 그곳에서 가장 인기가 많은 육상 코치가 되었다. 이후 그는 부룬디에 우물을 파주는 사업을 펼치는 가젤 재단(Gazelle Foundation)을 공동으로 창립했다. 이 재단에서 개최하는 모금 행사 중 가장 중요한, 오스틴 시내에서 진행되는 달리기 행사의 이름이 무엇인지 아는가? 바로 '물을 찾아 달려라'(Run for the Water)이다. 어떤가, 달리기라는 주제가 그의 인생 전체를 관통하고 있음을 느낄 수 있지 않은가?

운동선수에서 생존자로, 대학 선수에서 코치로, 다시 자선 단체로, 달리기를 향한 길버트 투하본예의 열정은 기술이 되었고 이것은 다시 직업이 되었으며 이는 또 돕고자 하는 사람들에게는 베풂의 기회를, 도움을 필요로 하는 사람들에게는 소중한 자원을 전달하게 되었다. 오스틴의 레이디 버드 호수 주변을 따라 달리는 다른 주자들에게 그가 보내는 미소는 하나의 열정이 어떻게 하나의 기술이 되고, 그것이 어떻게 합쳐져 놀라운 삶의 불꽃을 지피는지 잘 보여 준다.

성공한 사람들의 삶에 '단 하나'의 정신이 계속해서 나타나는 것은 그것이 그 누구도 부인할 수 없는 근본적인 진실이기 때문이다. 그것은 나에게도 나타났고, 간절히 원한다면 당신에게도 나타날 수 있다. '단 하나'를 자신의 일과 삶에 적용시키는 것은 성공을 위해 당신이 할 수 있는 가장 단순하고도 현명한 일이다.

삶을 관통하는 '단 하나'의 원칙

'단 하나'의 원칙을 통해 훌륭한 삶을 사는 사람을 딱 한 명 꼽으라면 나는 빌 게이츠를 택하겠다. 고등학교에 다닐 당시 그의 한 가지 열정은 바로 컴퓨터였고, 이것은 다시 하나의 기술인 컴퓨터 프로그래밍으로 이어졌다. 고등학교에서 그는 한 사람, 폴 앨런을 만났고 그는 빌 게이츠에게 첫 일자리를 제공한 것은 물론, 후에 마이크로소프트를 창립할 때 파트너가 되어 주었다. 그리고 이 모든 일은 그들이 단 한 사람, 에드 로버츠에게 보낸 한 통의 편지에서부터 시작되었다.

에드 로버츠는 하나의 컴퓨터, 즉 알테어 8800에 필요한 컴퓨터 코드를 쓸 수 있는 하나의 기회를 줌으로써 그 둘의 인생을 완전히 바꿔 놓았다. 그들에게 필요한 기회는 딱 하나였다. 마이크로소프트 역시 단 하나의 일을 통해 첫 발걸음을 떼었다. 그것은 바로 알테어 8800에 필요한 베이식(고급 프로그래밍 언어 중 하나—옮긴이) 해석 프로그램을 개발하고 판매하는 것이었다. 이 모든 일의 결과로 빌 게이츠는 15년 연속으로 전 세계에서 가장 부유한 사람이 되었다.

빌 게이츠는 마이크로소프트에서 은퇴한 후 자신의 뒤를 이을 CEO로 대학교에서 만났던 단 한 사람인 스티브 발머를 선택했다. 발머는 마이크로소프트에 서른 번째로 채용된 직원이자 그가 고용한 최초의 관리자였다. 이야기는 여기에서 끝나지 않는다.

빌과 그의 아내인 멜린다 게이츠는 그동안 모은 재산을 세상을 좀 더 나은 곳으로 만드는 일에 쓰기로 했다. 모든 생명은 똑같은 가치를 지닌다는 신념으로 그들은 단 한 가지의 목적을 가진 재단을 설립했다. 바로 건강과 교육처럼 '정말로 풀기 힘든 문제들'(really tough problems)을 위해 노력하는 재단이었다. 이 재단의 후원금 중 대부분은 단 하나의 프로젝트, 바로 빌과 멜린다의 글로벌 헬스 프로그램에 투자되었다. 이 야심찬 프로그램의 목표는 단 한 가지. 과학과 기술을 이용해 가난한 국가의 생명들을 구하는 일이었다. 그것을 위해 그들은 단 하나의 목표, 가장 심각한 치사율을 보이는 전염병을 근절시키는 것에 집중했다. 그리고 그들은 목표를 향해 나아가는 과정에서 자신들이 해야 할 단 한 가지 일에 초점을 맞추기로 했다. 그것은 바로 백신 개발이었다. 이러한 결정에 대해 그는 이렇게 설명한다.

"우리가 그들에게 줄 수 있는 것 중에 가장 큰 효과를 낼 수 있는 것이 무엇인지 선택해야 했습니다. …… 그들의 건강 문제를 근본적으로 해결할 수 있는 마법의 도구는 백신입니다. 매우 저렴하게 만들 수 있기 때문이죠."

"이 돈으로 가장 큰 영향력을 행사할 수 있는 분야가 어디인가?"라는 질문을 던졌기 때문에 그들은 수없이 이어진 질문의 길을 따라 이곳까지 오게 된 것이었다. 빌과 멜린다 게이츠는 단 하나의 힘이 얼마나 강한지 보여 주는 산증인이라 할 수 있다.

우리는 너무 많은 일을 하고 있다

세상으로 향하는 문이 활짝 열리고, 열린 문 사이로 보이는 광경은 그야말로 머리가 어지러울 정도다. 신기술과 혁신을 통해 기회는 사방에 넘쳐나고, 가능성은 무한해 보인다. 이것은 매우 고무적인 동시에 그만큼 버겁게 느껴질 수도 있다. 이러한 풍요의 의도치 않은 결과로 인해 우리는 과거 조상들이 평생 동안 받아들였던 것보다 더 많은 정보와 선택지를 하루 동안에 받아들이고, 그에 파묻혀 살고 있다. 이에 어찌할 바 모르고 서두르다 보면 우리가 너무 많은 일을 시도하면서 너무 적게 성취하고 있는 것 아닌가 하는 의구심을 가지게 된다.

더 적은 일을 하는 것이 더 많은 것으로 통하는 길임을 직감적으로 느끼고 있지만 문제는 대체 어디서부터 시작해야 하는지를 모른다는 것이다. 우리에게 주어지는 무수한 선택들 중에서 과연 무엇을, 어떻게 고르라는 말인가? 어떻게 해야 최고의 결정을 내리고, 후회하지 않는 삶을 살 수 있을까?

단 하나의 원칙을 따라 살면 된다.

1장에서 언급한 컬리처럼 성공한 사람들은 그 사실을 이미 알고 있었다. 성공의 핵심에는 '단 하나'가 자리 잡고 있다. 바로 그 단 하나가 탁월한 성과를 이끌어 내는 시작점이다. 다양한 연구 결과와 현실에서의 경험을 바탕으로 한, 성공을 위한 아주 단순하고 분명한 방법이다. 물론 설명하기는 쉽다. 다만 그것을 받아들이고 실행하기 어려울 뿐이다.

그러면 '단 하나'의 정신이 진정 어떤 효과가 있는지 솔직하고도 진심어린 논의를 시작하기에 앞서, 먼저 그것을 받아들이지 못하게 하는 세상이 만든 헛된 믿음과 잘못된 정보들, 즉 성공에 대한 거짓말들을 알아보도록 하겠다.

이것들을 우리 마음속에서 없애고 나면 열린 마음과 신념의 자세로 '단 하나'를 받아들일 수 있을 것이다.

우리가 잘못된 길에 빠지는 건
뭔가를 몰라서가 아니라 안다고 확신하기 때문이다.

– 마크 트웨인(미국의 문인)

제 **1** 부

거짓말

의심해 봐야 할 성공에 관한 여섯 가지 믿음

'트루시니스'(Truthiness)의 문제점

2003년, 메리엄웹스터(Merriam-Webster, 170여 년 전에 만들어진 미국 영어를 위한 최초의 사전으로 현재 미국 사전의 대명사이자 표준이 되는 사전—편집자)에서 '올해의 단어'를 선정하기 위해 온라인 사전의 검색 결과를 분석했다. 사람들이 인터넷으로 어떤 단어를 주로 검색하는지 알아보면 우리가 총체적으로 무슨 생각을 하는지 알 수 있을 것이고, 따라서 가장 많이 검색된 단어가 곧 해당 시대의 정신을 대변한다고 볼 수 있을 것이라는 발상에서 출발한 것이었다. 곧 첫 해의 단어가 뽑혔다. 이라크 침공 사태가 터진 후, 모든 사람이 '민주주의'(democracy)가 무엇인지 알고 싶어 하는 것처럼 보였다. 이듬해에는 새로운 의사소통 수단을 설명하는 신조어인 '블로그'(blog)가 1위로 뽑혔다. 수많은 정치 스캔들이 일어났던 2005년에는 '청렴결백'(integrity)이 1위의 영예를 안았다.

그러고 나서 메리엄웹스터는 2006년에는 새로운 시도를 감행했다. 사이트 방문자들에게 후보 단어를 추천하게 한 후 올해의 단어를 투표하게 한 것이다. 정량적 문제에 정성적 피드백을 더하기 위한 시도라고 해도 좋고, 그저 좋은 마케팅이라고 해도 좋다. 어쨌거나 다른 후보 단어들보다 다섯 배나 많은 압도적인 지지를 받은 단어는 바로 '사실 기반 없이 느낌으로 믿는 진실'을 뜻하는 신조어 '트루시니스'(truthiness)였다. 이는 코미디언 스티브 콜버트가 자신의 코미디 쇼《더 콜버트 리포트》의 첫 방송에서 만들어 낸 말이다. 24시간 뉴스, 끊임없이 불평을 해대는 라디오 토크쇼, 객관적인 편집자가 존재하지 않는 블로그에 둘러싸인 정보의 시대에 이 트루시니스라는 단어는 우발적이거나 심지어 의도적인 거짓도 어느 정도 '진실스럽게' 들리기만 한다면 우리가 진실로 받아들이는 모든 현상을 뜻한다.

문제는 우리가 옳다고 믿는 것이 전혀 옳지 않다고 판명됐을 때에도 스스로의 믿음을 의심하지 않고 그 행동을 계속해서 이어간다는 점이다. 그 결과, '단 하나'의 정신을 받아들이기가 매우 어려워졌다. 안타깝게도 오늘날 우리는 너무 많은 다른 것들을 동시에 받아들이기 때문이다. 그리고 이러한 '다른 것들'은 자주 우리의 생각을 흐리게 하고, 잘못된 행동으로 이끌며, 성공을 방해한다.

허상을 좇기에 인생은 너무 짧다. 운에만 기대기에도 인생은 너무나 소중하다. 우리가 찾는 진정한 해법은 언제나 눈에 훤히 보이는 곳에 있지만 불행히도 너무나 많은 수의 거짓에, 결국 헛소리에 불과한 '상식'의 홍수에 가려져 잘 보이지 않는다. 혹시 상사한테 끓는 물에 던져진 개구리 이야기를 들어본 적 있는가? ("개구리를 끓는 물에 집어넣으면 바로 뛰쳐나오지만, 미지근한 물에 넣어 천천히 온도를 높이면 가만히 있다가 그대로 죽는다.") 이건 거짓말이다. 아주 '진실스러운' 거짓말이지만 거짓임에는 변함이 없다. 누군가에게서 '생선은 머리부터 썩는다'라는 말을 들어 본 적 있는가? 이것도 사실이 아니다. 근거도 출처도 없는 미심쩍은 이야기에 불과하다. 탐험가 코르테스가 아메리카 대륙에 도착한 뒤 배를 불태워 본국으로 돌아갈 수 없게 만드는 방식으로 병사들의 투지를 북돋았다는 이야기를 들어 본 적 있는가? 이 역시 사실이 아니다. "말이 아니라 기수에 돈을 걸어라!"라는 말은 기업의 경영진을 믿으라는 슬로건처럼 예전부터 쓰였다. 하지만 이 말만 믿고 돈을 걸었다간 얼마 지나지 않아 가난뱅이로 전락하고 말 것이다. 대체 이런 말이 어떻게 격언이 되었을까. 헛된 믿음과 거짓도 오랫동안 자주 쓰이다 보면 결국 친숙하게 느껴지고 어느 순간 진실처럼 들리기 때문이다. 그러면 사람들도 그것을 바탕으로 중요한 의사결정을 내리기 시작한다.

성공 전략을 짤 때 우리가 맞닥뜨리게 되는 문제는 바로 개구리, 생선, 탐험가, 기수 이야기처럼 성공에도 나름의 거짓말이 존재한다는 것이다. "할 일이 너무 많아 큰일이야.", "한 번에 여러 가지 일을 해서 더

빨리 끝내겠어.", "더 계획적이고 자기관리를 잘하는 사람이 되어야 해.", "나는 왜 이렇게 의지력이 부족한 걸까.", "일과 삶의 균형이 필요해.", "단계에 맞는 현실적인 목표 설정이 중요해." 이런 생각을 자주 하다 보면 이것이 곧 단 하나의 삶을 살지 못하도록 방해하는 여섯 가지 거짓말이 될 수 있다.

성공에 관한 잘못된 여섯 가지 믿음

1. 모든 일이 다 중요하다.
2. 멀티태스킹은 곧 능력이다.
3. 성공은 철저한 자기관리에서 온다.
4. 의지만 있다면 못할 일은 없다.
5. 일과 삶에 균형이 필요하다
6. 크게 벌이는 일은 위험하다.

이 잘못된 통념은 우리 머릿속에 들어와 우리를 엉뚱한 방향으로 몰아가는 원칙으로 자리 잡기 일쑤다. 우리의 잠재력을 최대로 높이려면 이런 거짓말들을 몰아낼 필요가 있다.

4

모든 일이
다 중요하다

가장 중요한 일이 가장 중요하지 않은 일들에 밀려나서는 안 된다.
– J. W. 괴테(독일의 문인)

●

평등이란 정의와 인권의 측면에서는 반드시 추구해야 할 가치 있는 이상이다. 그러나 실질적인 결과가 존재하는 현실 세계에서는 평등한 것이란 없다. 선생님이 어떤 식으로 점수를 매기든 똑같은 실력을 가진 두 명의 학생은 존재할 수 없다. 심판들이 얼마나 공정하려 애쓰든 시합의 결과는 평등할 수 없다. 아무리 뛰어난 재능을 가진 사람들을 찾아봐도 똑같은 재능을 가진 사람은 없다. 모든 사람을 평등하게 대해야 하는 것은 맞다. 그러나 성과의 세상에서는 모든 것이 똑같이 중요할 수 없는 법이다.

평등이란 거짓이다.

이것을 첫 번째로 이해하는 것이 곧 모든 훌륭한 의사결정의 기반이 된다.

자, 그렇다면 우리의 의사결정 방식을 한번 살펴보자. 할 일이 많다면 무엇을 가장 먼저 할지 어떻게 정하는가? 어릴 때는 대부분 나이 많은 누군가가 어떤 시간에 무슨 일을 해야 할지 알려 주고 우리는 그 말을 따르기만 하면 됐다. 아침 먹을 시간이다, 학교 갈 시간이다, 숙제할 시간이다, 집안일을 도울 시간이다, 목욕할 시간이다, 잘 시간이다 등처럼 말이다. 그러다가 나이가 들면서 스스로 분별할 수 있는 능력이 생기면 조금씩 재량권이 주어지기 시작한다. 저녁 식사 전에 숙제를 끝낼 수만 있다면 나가 놀아도 된다는 식이다. 그러고 나서 어른이 되면 모든 일이 나의 자유재량에 달린다. 모두가 자신의 선택에 의해 달라지는 것이다. 선택에 의해 삶의 모습이 결정되기 시작할 때 가장 중요한 질문은 이것이다. "어떻게 하면 좋은 선택을 내릴 수 있는가?"

하지만 안타깝게도 나이를 먹을수록 '반드시 해야만 하는 일'이라고 믿는 건 점점 더 쌓이기만 한다. 할 일이 엄청나게 늘어나고, 일이 지나치게 커지며, 능력 이상의 일을 맡겨도 한다. '바빠서 정신 못 차리겠다'라는 말은 우리 모두의 총체적 상태가 되고 있다.

바로 이런 때야말로 '제대로 일하는 법'을 찾아내기 위한 투쟁이 더욱 심화되고 다급해지는 순간이다. 의사결정을 내리기 위한 명확한 공식이 없다 보니 선제적 대응을 하지 못하고 언제나 익숙하고 편안한 방식을 찾게 된다. 그래서 성공에 별 도움이 되지 않는 방법을 무턱대고 선택하게 된다. B급 공포영화에 나오는 어리바리한 등장인물처럼 이리저리 휩쓸리는 대로 하루를 보내다 보면 출구를 찾아 탈출하기는커녕 살인마가 기다리고 있는 2층으로 올라가고 마는 일이 벌어지는 것이다. 모든 결정을 섣불리 내리다 보면 정작 중요한 결정의 순간에도 대충 선택하게 되고, 목표 달성을 위한 과정은 오히려 함정이 되기도 한다.

모든 일이 다 평등하게 느껴진다면 모든 일이 다 똑같이 중요한 것처럼 보일 수 있다. 바쁘게 움직인다고 해서 반드시 성공에 가까워지는 것은 아니다. 바쁜 것과 생산성이 언제나 밀접하게 관련되어 있는 것도 아니고, 열심히 움직인다고 해서 사업이 알아서 돌아가는 것도 아니기 때문이다.

미국의 사상가 헨리 데이비드 소로는 이렇게 말했다. "바쁘게 움직이는 것만으로는 부족하다. 개미들도 늘 바쁘지 않은가. 정말 중요한 것은 무엇 때문에 바빠 움직이는가이다."

무슨 이유에서든 한 번에 백 가지 일을 하는 건 의미 있는 일 한 가지를 제대로 해내는 것에 미치지 못한다. 모든 일이 똑같이 중요할 수는 없다. 그리고 성공이란 가장 많은 일을 해내는 사람이 이기는 게임도 아니다. 그런데도 우리 대부분은 매일 그런 식으로 게임을 하고 있다.

'할 일 목록' 대신 '성공 목록'을 만들어라

할 일 목록(To-do lists)은 시간 관리와 자기계발 산업의 기본 원칙과도 같다. 우리의 욕구와 다른 이들의 바람이 사방에서 날아들다 보면 잠시 정신이 들 때마다 충동적으로 종이 쪼가리에 할 일을 죽 적거나 메모장에 계획을 나열하게 된다. 플래너 역시 매일, 매주, 매월 해야 할 일을 적고 관리하는 귀중한 도구다. 스마트폰에는 할 일을 관리하는 어플리케이션이 넘쳐 나고, 컴퓨터 소프트웨어 프로그램은 그것들을 자동으로 PC에도 저장한다. 어디로 고개를 돌리든, 모두가 각종 목록을 만들라고 우리를 부추기는 것만 같다. 물론 그런 목록은 매우 유용하긴 하지만 동시에 나쁜 면도 가지고 있다.

할 일 목록은 우리의 좋은 의도를 담아 놓은 유용한 도구이기도 하지만, 동시에 사소하고 중요하지 않은 일들까지 해내야 한다고 우리를 괴롭히는 원흉이기도 하다. 단지 그것들이 목록에 적혀 있다는 이유만으로 말이다. 그래서 우리 대부분은 이 할 일 목록과 애증 관계에 있다. 할 일 목록은 메일함에 쌓이는 메일이 우리 일과를 조종하듯 우리의 우선순위를 마음대로 좌지우지할 수 있다. 대부분의 메일함은 중요한 일인 척하는 중요하지 않은 이메일로 넘쳐 난다. 어떤 것이 얼마만큼 중요한지 생각하지 않고 이메일을 받은 순서대로 처리하고 있지는 않은가. 하지만 호주의 전 총리 밥 호크가 한 말처럼 "가장 중요한 일이 언제나 가장 큰 소리로 나를 부르는 것은 아니다."

성공하는 사람들은 이와 다르게 행동한다. 그들은 꼭 해야 하는 일을 잘 알아보는 혜안을 가지고 있다. 그들은 잠시 시간을 내어 무엇이 중요한지 결단을 내리고는, 바로 그 일을 중심으로 하루 일과를 운영한다. 성공하는 사람들은 다른 이들이 나중에 하려고 하는 일을 먼저 하고, 다른 이들이 먼저 하려는 일은 뒤로, 때로는 무기한으로 미룬다. 이 둘의 차이는 의도가 아니라 방식의 옳고 그름이다. 성공하는 사람들은 언제나 뚜렷한 우선순위를 가지고 일한다.

단순한 목록에 불과한 할 일 목록은 우리를 엉뚱한 길로 인도할 수 있다. 할 일 목록은 단순히 우리가 해야 하는 일이라고 '생각'하는 것들을 적어 둔 것뿐이다. 목록의 가장 위에 있는 것은 그저 가장 먼저 떠올린 것에 불과하다. 할 일 목록에는 본디 성공이라는 의도가 빠져 있다. 사실 대부분의 할 일 목록은 그저 생존 목록, 즉 그날 하루와 삶을 버텨 낼 수 있게 해주는 목록일 뿐, 각각의 날을 성공적인 삶으로 이어 주는 디딤돌이 될 수는 없다. 할 일 목록을 하나씩 지우는 데 오랜 시간을 보내고, 쓰레기통을 꽉 채우고 책상은 깨끗이 비운 상태로 하루를 마감하는 것은 우쭐해할 일이 아니다. 성과와도 아무 관련이 없다. 우리는 할 일 목록 대신 성공 목록을 만들어야 한다. 남다른 성과를 내기 위해 의도적으로 만든 목록 말이다.

할 일 목록은 긴 경우가 많지만, 성공 목록은 짧다. 할 일 목록은 당신을 여기저기로 잡아끌지만, 성공 목록은 구체적인 한 방향으로 이끌어 준다. 할 일 목록은 어지럽게 적힌 명단이지만, 성공 목록은 잘 정돈된

지시사항이다. 성공을 염두에 두고 목록을 만들지 않으면 그것이 당신을 성공으로 데려다 주지 못할 것이다. 당신의 할 일 목록에 별의별 것이 다 적혀 있다면 그건 당신이 원하는 바로 그곳만 빼고 다른 모든 곳으로 당신을 데려갈 것이다.

그렇다면 성공적인 사람은 평범한 할 일 목록을 어떻게 성공 목록으로 바꾸는가? 할 일이 그렇게 많다면 특정한 날, 특정한 시점에 어떤 일이 가장 중요한지 어떻게 알 수 있는가?

조지프 주란의 뒤를 따르기만 하면 된다.

성공에 필요한 불평등한 분배

1930년대 말, 제너럴 모터스(GM)의 관리자들은 훗날 놀라운 결과를 가져올 아주 흥미로운 발견을 한다. 사용하던 카드 리더(초기 컴퓨터의 입력 장치 중 하나)가 말이 안 되는 소리를 출력하기 시작한 것이다. 고장난 컴퓨터를 살펴보던 중 그들은 우연히 비밀 메시지를 암호화할 방법을 찾아냈다. 당시 이것은 매우 중요한 일이었다. 제1차 세계대전 당시 독일의 악명 높은 이니그마 암호 장치가 등장한 이래로 암호를 만들고 그것을 해독하는 일은 국가 안보는 물론이고 대중의 호기심 면에서도 아주 중요하게 여겨졌기 때문이었다. GM의 관리자들은 우연히 만들어 낸 이 같은 암호가 해독 불가능하다고 믿었다. 그러나 단 한 명, 당시 회사를 방문한 웨스턴 일렉트릭의 컨설턴트만이 이에 반기를 들었다. 그는 암호를 해독해 보겠다고 자원했고, 밤늦게까지 해독에 몰입하더니, 결국 다음날 새벽 3시에 암호를 해석해 냈다. 그의 이름은 조지프 M. 주란이었다.

주란은 훗날 이 일을 더 어려운 암호를 해독하고, 과학과 기업계에 큰 공헌을 한 시작점이라고 불렀다. 그가 암호 해독에 성공하자 GM의 한 임원이 그에게 임원 보상 프로그램에 대한 연구를 검토해 달라고 요청한다. 당시에는 세상에 그리 잘 알려지지 않았던 이탈리아의 경제학자, 빌프레도 파레토의 공식을 따라 만든 것이었다. 파레토는 19세기에 이탈리아의 소득 분배에 대한 수학적 모델을 만들었는데, 20퍼센트의 사람들이 전국 토지의 80퍼센트를 소유하고 있다고 주장했다. 부가 공평하게 분배되지 않은 것이다. 파레토의 말에 따르면 부는 예측 가능한 방식에 따라 한 곳에 집중되어 있었다. 품질 관리 분야의 개척자로서 몇몇 개의 문제가 대부분의 결함을 만들어낸다는 사실을 알고 있던 주란은 파레토가 주장한 불균형이 자신의 경험과 일치하는 것을 넘어 보편적인 법칙이 될 수도 있다는 생각을 하게 되었다. 파레토가 관찰한 것이 그의 예상보다도 더 거대한 것이 될 수 있었다.

훗날 이 분야를 평정하게 될 책 《품질 관리 지침서》(Quality Control Handbook)를 쓰는 동안 주란은 '중요한 소수와 사소한 다수'라는 이 개념에 짧은 이름을 지어 주고 싶었다. 그는 원고 속 많은 삽화 중 하나에 '불평등한 분배에 대한 파레토의 법칙'이라는 설명을 붙였다.

그림 3 | 80/20 법칙은 소수의 노력이 다수의 결과로 이어진다고 말한다.

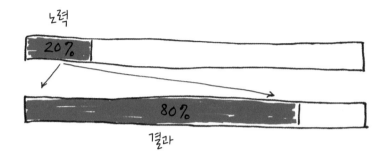

결과적으로 파레토의 법칙은 중력의 법칙만큼이나 현실적인 것으로 밝혀졌지만 여전히 많은 사람들은 그 중요성을 심각하게 받아들이지 않는다. 이는 단순한 이론이 아니다. 개연성 높고 예측 가능한 자연의 확실성이자 지금껏 발견된 가장 훌륭한 생산성의 진실 중 하나다. 리처드 코치의 책 《80/20 법칙》(The 80/20 Principle)을 보면 그 내용이 잘 정리되어 있다. "80/20 법칙은 소수의 원인, 입력 혹은 노력이 보통 다수의 결과, 출력 혹은 보상으로 이어진다고 주장한다." 달리 말해 성공의 세상에서 평등한 건 없다는 말이다. 몇몇 소수의 원인이 대부분의 결과를 만든다. 제대로 된 인풋(input) 하나가 대다수의 아웃풋(output)을 만들어 낸다. 선택적 노력이 거의 모든 성과를 창조한다.

파레토는 우리에게 매우 뚜렷한 방향을 제시한다. 당신이 원하는 것 중 대부분은 당신이 실천하는 몇 개의 일에서 비롯될 것이다. 남다른

그림 4 | 할 일 목록에 우선순위를 정할 때 비로소 성공 목록이 된다.

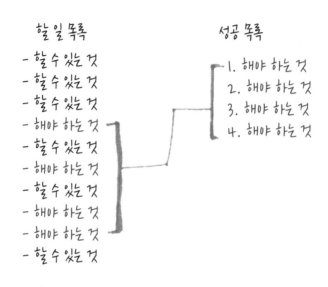

성과는 생각보다 훨씬 적은 수의 행동에서 나온다.

그렇다고 숫자에 집착할 필요는 없다. 파레토의 이론은 불평등을 기초로 한 것이고, 이것이 80/20이라는 비율로 표현되었을 뿐이다. 상황에 따라 비율은 다양하게 달라질 수 있다. 90/20, 성공의 90퍼센트가 20퍼센트의 노력에서 나올 수도 있고, 70/10나 65/5가 될 수도 있다. 단 이 비율 모두가 근본적으로는 같은 원칙에서 나온다는 것을 잊으면 안 된다. 주란의 통찰이 훌륭한 이유는 모든 것이 똑같이 중요하지 않음을 깨달았다는 데 있다. 어떤 일들은 다른 일들보다 중요하다. 때로는 아주 많이 중요하다. 할 일 목록에 파레토의 원칙을 적용할 때에 비로소 성공 목록이 된다.

80/20 원칙은 내 사회생활에서 가장 중요한 성공 원칙 중 하나로 자리매김했다. 이것은 주란과 마찬가지로 내가 살면서 지속적으로 목격한 여러 현상들을 잘 설명한다. 내 경우에도 몇 가지 소수의 아이디어가 성과의 대부분을 만들어 냈다. 몇몇 고객들이 다른 대다수의 고객들보다 훨씬 중요했고, 소수의 사람들이 사업의 대부분을 성공으로 이끌어 주었다. 또 소수의 투자가 대부분의 수익을 가져왔다. 어디를 보나 '불평등한 분배'라는 개념이 눈에 띄었다. 그 개념이 많이 등장할수록 나는 주의를 더 많이 기울이게 되었고, 주의를 기울일수록 그것은 더 많이 나타났다. 결국 나는 우연의 일치라는 생각을 버리고 성공의 절대적 원칙으로서 이 개념을 나의 삶뿐 아니라 나와 함께 일하는 다른 모든 사람과의 관계에도 적용하기 시작했다.

그러자 놀라운 결과가 나타났다.

끝까지 남겨야 할 것을 찾아라

파레토는 지금껏 내가 이야기한 모든 것을 증명해 보였지만 단 하나 아쉬운 점이 있다. 그는 중간에서 멈췄다는 것이다. 나는 여러분이 더 멀리까지 가길 바란다. 파레토의 법칙을 극단적으로 이용하기를 원한다.

그림 5 | 할 일 목록이 얼마나 길든 언제나 하나로 줄일 수 있다.

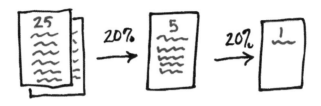

20퍼센트가 무엇인지 알아내고, 중요한 소수 중에서도 또 중요한 소수를 찾아내어 파고들기를 바란다. 성공에 있어 80/20 법칙은 시작이지 끝이 아니다. 파레토가 시작한 것을 당신이 끝내야 한다. 성공하려면 80/20 법칙을 따라야 하지만 거기에서 멈출 필요는 없다.

계속해라. 20퍼센트만 남기고, 거기에서 다시 20퍼센트만 남기는 식으로 가장 중요한 단 하나에 이르기까지 계속해라! (그림 5 참조) 업무나 사명, 목표가 무엇이든 상관없다. 그것이 크든 작든 그것도 상관없다. 원하는 만큼 긴 목록에서 시작하되 거기에서 중요한 몇 가지를 추려낸다는 마음가짐을 가지고, 반드시 필요한 단 하나를 찾아낼 때까지 멈추지 마라. 없어서는 안 될 단 하나. 바로 그 하나를 찾아라.

2001년에 회사의 핵심 임원들을 호출한 적이 있었다. 빠른 속도로 성장하고 있긴 했지만 우리 기업은 아직 업계 내에서 최고의 위치는 아니었다. 나는 임원들에게 이 상황을 반전시킬 100가지 방법을 브레인스토밍 해보자고 말했다. 목록을 만들어 내는 데만도 하루가 꼬박 걸렸다. 다음날 아침에는 그것을 열 개의 아이디어로 줄였다. 그리고 나서 거기에서 단 하나의 아이디어를 골랐다. 우리가 정한 하나의 아이디어는 우리 업계에서 최고의 성과를 올리는 방법에 대해 내가 책을 쓰는 것이었다. 그 아이디어는 성공적이었다. 그로부터 8년 뒤 그 한 권의 책은 전국적인 베스트셀러가 되었고, 한 권에서 그치지 않고 시리즈로 발전해 나갔으며 결국 모두 합쳐 100만 권이 넘게 팔렸다. 약 100만 명의 사람이 종사하는 이 업계에서 이 한 가지 일은 우리의 이미지를 완전히 바꿔 놓았다.

자, 여기에서 다시 간단한 계산을 해보자. 100개의 아이디어 중에서 단 하나, 이것은 파레토의 법칙을 매우 극단적인 수준까지 끌고 간 것이다. 생각은 크게 하되, 아주 작은 곳에 초점을 맞춘다. '단 하나'의 법칙을 사업적인 도전 과제에 적용시켜 매우 강력한 결과를 이끌어 낸 것이다.

하지만 이 내용이 사업에만 적용되는 것은 아니다. 나는 마흔 살이 되던 날부터 기타 레슨을 받기 시작했다. 하지만 연습할 수 있는 시간은 하루에 20분밖에 되지 않았다. 시간적으로 여유가 없었기 때문에 무엇을 배울지 정해 그것에만 집중해야 했다. 나는 세계적인 기타리스트 중 한 명인 친구 에릭 존슨에게 어떻게 하면 좋을지 물었다. 에릭은 단 한 가지만 연습할 수 있는 상황이라면 기타의 기본 음계를 택하는 게 좋겠다고 말했다. 나는 그의 조언을 받아들여 블루스 단조 음계를 연습했다. 그 음계를 연습하면 에릭 클랩튼과 빌리 기본스부터 시작해 언젠가는 에릭 존슨의 음악까지, 훌륭한 록 기타리스트들의 솔로를 연주할 수 있게 될 것이었다. 그 음계는 기타 연습을 위한 나의 '단 하나'가 되었고, 그것은 다시 나를 위한 로큰롤의 세상을 열어 주었다.

조금만 주의를 기울여 찾아보면 같은 노력이 언제나 같은 결과를 가져오지 않는다는 사실을 금세 알 수 있게 된다. 그리고 이 원칙을 삶에 적용하면 자신에게 중요한 것이 무엇이든, 원하는 성공의 문을 열 수 있을 것이다. 언제나 수많은 나머지보다 중요한 소수의 것이 있을 것이고, 그 소수 중에서도 가장 중요한 단 하나가 있을 것이다. 이러한 개념을 마음속 깊이 받아들이고 익히는 것은 마법의 나침반을 받아드는 것이나 다름없다. 길을 잃었거나 나아가야 할 방향을 모르겠다는 생각이 들 때면 그 나침반을 꺼내 무엇이 가장 중요한지 확인하면 되니 말이다.

때로는 그 일이 당신이 하는 첫 번째 일이 될 수도 있고, 때로는 당신이 하는 유일한 일이 될 수도 있다. 어쨌거나, 가장 중요한 일을 하는 것이 가장 중요한 일이 되어야 한다.

핵심 개념

1. **중요한 일에 파고들어라.** 바쁘게 움직이는 것이 능사가 아니라 생산적으로 움직이는 것이 중요하다. 가장 중요한 일을 중심으로 하루를 조직하라.

2. **극단으로 가라.** 무엇이 실질적으로 중요한지 알아낸 다음에는 단 하나만 남을 때까지 끊임없이 자문하라. 그 핵심 활동이 성공 목록의 맨 꼭대기에 오게 해야 한다.

3. **'NO'라고 말해라.** '나중에'라고 하든 '안 된다'고 하든, 중요한 건 가장 중요한 일이 끝날 때까지 다른 모든 일에는 '지금 말고'라고 딱 잘라 말하는 것이다.

4. **'줄 긋기' 게임에 빠지지 마라.** 모든 일이 똑같이 중요한 것이 아니라고 믿는다면 그에 맞게 행동해야 한다. 목록에 적힌 일들을 하나하나 체크해 지우는 것이 성공으로 가는 길이라 믿는 헛된 생각에 빠져선 안 된다. '끝난 일에 줄 긋기' 게임에서는 승자가 나올 수 없으니 거기에서 벗어나라. 모든 일이 똑같이 중요할 순 없고, 성공은 그중에서도 가장 중요한 일에 숨겨져 있다.

5

멀티태스킹은
곧 능력이다

멀티태스킹은 그저 한 번에 여러 가지 일을 망칠 기회에 지나지 않는다.
– 스티브 우젤(미국의 영화배우)

자, 가장 중요한 일을 하는 것이 가장 중요하다면 왜 당신은 동시에 여러 가지 일을 하려고 그리 애쓰는가? 이건 매우 중요한 질문이다.

2009년 여름, 클리포드 나스는 이 질문에 답하기 위해 한 가지 실험을 했다. 그의 목표는 다름 아닌 여러 가지 일을 동시에 진행하는 소위 '멀티태스커'들이 얼마나 그 일들을 잘 수행하는지 밝혀내는 것이었다. 스탠퍼드 대학교 교수인 나스는 《뉴욕 타임스》와의 인터뷰에서 자신은 언제나 멀티태스커들을 존경했으며, 자신은 멀티태스킹 능력이 매우 형편없다고 말했다. 그래서 그와 동료 연구원들은 262명의 학생들에게 설문지를 주고 그들이 얼마나 자주 멀티태스킹을 하는지 알아보았다. 그런 다음 학생들을 멀티태스킹을 잘하는(즉 자주 하는) 그룹과 못하는 그룹, 둘로 나누고 자주 멀티태스킹을 하는 사람들이 더 좋은 결과를 내리라는 가정을 바탕으로 실험을 시작했다. 하지만 그들의 이러한 생각은 틀린 것으로 판가름 났다.

"그들에게 비밀의 능력 같은 것이 있으리라고 생각했습니다. 하지만 멀티태스킹을 잘하는 사람들은 오히려 관련 없는 일에 푹 빠져 쓸데없는 시간을 보내는 것이 관찰됐습니다." 나스의 말이다. 그들의 성과는 모든 면에서 뒤떨어졌다. 그들 스스로나 세상 사람들이 보기에 그들은 멀티태스킹 능력에 매우 뛰어난 것 같았지만 거기에는 한 가지 문제가 있었다. 나스의 말을 빌리면 "멀티태스커들은 그저 모든 일에 엉망"이었던 것이다.

멀티태스킹이란 허상이다.

거의 모든 사람이 멀티태스킹이 효과적이고 효율적이라고 믿고 있지만 절대 그렇지 않다. 우리 사회에서 멀티태스킹은 많은 사람들이 반드시 해야만 하는 것, 최대한 자주 해야 하는 것으로 당연하게 받아들여지고 있다. 우리는 한 번에 여러 가지 일을 하는 사람들의 이야기를 자주 듣고, 이것을 하면 할수록 더 잘하게 된다는 이야기도 듣는다. 멀티태스킹을 잘하는 방법을 알려주는 웹페이지만도 600만 개가 넘는다. 또 커리어 관련 사이트에서는 멀티태스킹을 바람직한 자질이라고 말하며 구직자들이 강점으로 적어야 할 스펙이라고 언급한다. 어떤 이들은 멀티태스킹 기술을 자랑스러워하며 삶의 한 방식으로 채택하기도 한다. 하지만 이것은 삶의 방식이 아니라 삶의 '허상'이다. 사실 멀티태스킹은 효율적이지도, 효과적이지도 않다. 성과가 모든 걸 말해 주는 이 세상에서 멀티태스킹은 언제나 당신을 실망시킬 것이다.

한 번에 두 가지 일을 하려고 하면 그중 하나도 잘 하지 못하는 경우가 빈번히 발생한다. 멀티태스킹이 더 많은 일을 해낼 수 있는 효과적인 방법이라는 믿음은 현실과 정반대일 뿐이다. 그것은 일을 제대로 하지 못하게 만드는 아주 효과적인 방법이다. 스티브 우젤이 말한 것처럼 "멀티태스킹은 한 번에 여러 가지 일을 망칠 수 있는 기회"에 지나지 않는다.

많은 일을 망치는 능력

사람이 한 번에 두 가지 이상의 일을 할 수 있다는 발상은 1920년대부터 심리학자들의 연구 주제였으나 '멀티태스킹'이라는 용어가 본격적으로 쓰이기 시작한 건 1960년대 이후였다. 처음에 그것은 사람이 아니라 컴퓨터에 사용되던 말이었다. 그때만 해도 10MHz라는 속도는 상상을 초월할 만큼 빠른 속도라, 여러 가지 작업을 수행하는 컴퓨터의 능력을 설명할 새로운 단어가 필요했다. 지금 생각하면 당시 그런 말을 만들어 낸 건 잘못된 선택이 아니었나 싶다. '멀티태스킹'이라는 단어 자체는 잘못되었기 때문이다. 컴퓨터에서 말하는 멀티태스킹이란 서로 다른 여러 작업(task)이 각각 번갈아 가면서 하나의 자원(예를 들어 CPU)을 공유하는 것이었다. 그러나 시간이 흐르면서 그 의미가 바뀌었고, 얼마 지나지 않아 하나의 자원(이때는 사람, 즉 인적 자원을 뜻한다)이 동시다발적으로 여러 개의 작업을 수행하는 것으로 해석되기 시작했다. 참으로 오해의 소지가 다분한 내용이다. 컴퓨터마저도 한 번에 단 하나의 코드만 처리할 수 있기 때문이다. 작업의 처리 속도가 빠르다는 이유로 모든 것이 동시에 이루어진다는 환상이 커졌을 뿐이다.

실제로 사람도 걸어가면서 말을 하고, 껌을 씹으면서 지도를 보는 것처럼 한 번에 두 가지 이상의 일을 할 수 있다. 하지만 컴퓨터와 마찬가지로 두 가지 일에 동시에 집중할 수는 없다. 그저 주의력이 이리 갔다가 저리 갔다가 하는 것뿐이다. 컴퓨터의 경우에는 그렇다 해도 문제될 것이 없지만 사람의 경우에는 심각한 문제가 생길 수 있다. 두 대의 비행기가 동시에 하나의 활주로에 착륙 허가를 받는다든가, 환자에게 엉뚱한 약을 투여한다든가, 아기 혼자 욕조 안에 놔둔다든가 하는 일이 모두 이것 때문이다. 이와 같은 잠재적인 비극들은 모두 사람이 한 번에 너무 많은 일을 하려고 애쓰다가 반드시 해야 할 일, 반드시 기억해야 할 것을 잊어버리는 데서 발생한다.

이상한 일이지만 시간이 흐르면서 현대 인간의 이미지는 점차 멀티태스커로 변해 버렸다. 그리고 그렇게 할 수 있다고 생각하다 보니 어느 순간 그렇게 해야 한다고 믿게 되었다. 아이들은 텔레비전을 보거나 음악을 듣거나 문자를 보내면서 공부를 한다. 어른들은 전화 통화를 하거나 무언가를 먹으면서, 또는 화장을 하거나 심지어는 면도를 하면서 운전을 한다. 자기 방에서 무언가를 하면서 다른 방에 있는 사람에게 이야기도 한다. 식당에 자리를 잡고 앉기도 전에 스마트폰부터 꺼내 든다. 해야 할 모든 일을 하기에 시간이 부족한 것이 아니라, 주어진 시간 내에 너무 많은 일을 해야만 한다고 느끼는 것이 문제다. 그래서 모든 일을 해낼 수 있다는 희망을 가지고 두 가지 일을, 아니 세 가지 일을 한꺼번에 한다.

업무도 그렇다. 오늘날의 사무실은 마음을 산란케 하는 멀티태스킹의 난장판과 같다. 묵묵히 프로젝트를 완수하려 애쓰는 동안에도 옆자리에 앉은 누군가가 자지러질 듯 기침을 해대며 목캔디가 없냐고 묻는다. 업무 시간 내내 새로운 이메일이 도착했다고 컴퓨터 화면에 알림이 뜨고, 그러는 와중에도 소셜 미디어에서는 새로운 소식이 올라왔다며 당신의 주의를 끌려 한다. 새로운 문자메시지가 도착하면 휴대전화는 끊임없이 벨을 울려 댄다. 읽지 않은 우편물과 마무리 짓지 못한 업무가 눈에 보이는 곳마다 쌓여 있고, 다른 직원들이 수시로 들락거리며 당신에게 무언가를 묻는다. 집중은 되지 않고, 업무는 엉망이 되며, 흐름은 계속 끊긴다. 상황이 이쯤 되면 본래의 업무를 계속하는 것만 해도 기운이 쭉 빠진다. 각종 연구에 따르면 평균 직장인들은 11분마다 한 번씩 타인의 방해를 받고, 하루 일과 중 3분의 1을 집중력을 되찾는 데 사용한다고 한다. 그런데도 우리는 이 모든 것을 이겨내고, 마감 기한 내에 해야 할 모든 일을 끝낼 수 있다고 믿는다.

이는 망상에 불과하다. 멀티태스킹은 사기다. 미국의 시인 빌리 콜린스는 이 현상을 잘 포착해 냈다. "우리는 그것을 멀티태스킹이라고 부른다. 마치 동시에 많은 일을 해낼 수 있는 능력처럼 들린다. 하지만 불교 신자라면 그것을 산만하게 뛰어다니는 원숭이와 같은 마음이라 부를 것이다." 우리는 멀티태스킹을 완전히 몸에 익히고 있다고 믿지만 사실은 스스로를 미친 듯 몰아가는 것에 불과하다.

저글링이 치러야 할 대가

집중력 결핍은 인간의 본능에 속한다. 하루에 평균 4,000개의 생각이 수시로 머리를 드나들다 보면 멀티태스킹을 하려고 애쓰는 것도 당연한 일이다. 14초에 한 번씩 생각에 변화가 생기는 것이 집중력이 떨어지는 원인이라고 본다면 우리가 지속적으로 한 번에 너무 많은 일을 하려고 애쓰는 것도 어찌 보면 당연하다. 무슨 일을 하는 동안에도 단 몇 초만 지나면 생각이 또 다른 쪽으로 넘어간다. 사실 인류가 지금껏 생존할 수 있었던 것도 한 번에 여러 가지 일을 할 수 있도록 진화했기 때문이라고 한다. 나무 열매를 따고, 무두질을 하고, 아니면 힘든 하루 일과가 끝나고 불가에 앉아 쉬는 동안에도 맹수들이 다가오지 않을까 주변을 살피지 못했다면 인류의 조상들은 살아남지 못했을 것이다. 한 번에 여러 가지 일을 저글링(여러 개의 공을 차례로 던져가며 곡예를 부리는 것. 여러 일을 한 번에 해내는 것 또한 이렇게 표현함—옮긴이)하려는 욕구는 우리의 유전자 속 깊은 곳에 들어 있을 뿐 아니라 생존을 위해 반드시 필요한 것이었을지도 모른다.

하지만 저글링은 멀티태스킹이 아니다.

저글링하는 것을 보자. 곡예사가 한 번에 공 세 개를 자유자재로 다루는 것처럼 보일 수 있다. 하지만 자세히 보면 빠른 속도로 한 번에 한 개의 공을 잡았다가 위로 던지는 식이다. 잡고, 던지고, 잡고, 던지고, 잡고, 던지고. 한 번에 공 하나씩이다. 전문가는 이것을 '작업 전환'(task switching)이라 부른다.

자발적이든 아니든, 하나의 작업에서 다른 작업으로 전환할 때는 보통 두 가지 일이 일어난다. 첫 번째는 거의 즉각적이다. 다른 일을 해야겠다고 결심하는 것이다. 그리고 두 번째는 첫 번째 것보다 조금 불규칙적이다. 하려는 일이 무엇이든 그 일에 대한 '규칙'을 떠올려야 한다. (그림 6 참조) 텔레비전을 보다가 빨래를 개는 것처럼 단순한 작업 전환인 경우에는 비교적 전환이 빠르고 손쉽게 일어날 수 있다. 그러나 엑셀 작업을 하고 있었는데 동료가 갑자기 자리로 찾아와 다른 문제를 의논한다면, 이런 일은 상대적으로 복잡하기 때문에 곧장 이 일에서 저 일로 옮겨 가기가 불가능하다. 새로운 작업을 시작하거나 그만두었던 일을 다시 시작하는 데에는 언제나 시간이 걸린다. 그리고 중단되었던 바로 그 부분부터 이어서 할 수 있다는 보장도 없다. 언제나 대가가

그림 6 | 멀티태스킹은 시간을 절약시켜 주지 않는다. 시간을 낭비할 뿐이다.

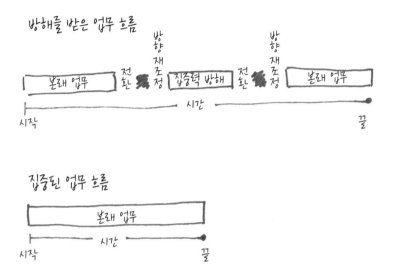

따른다. "작업 전환에서 비롯되는 추가 시간이라는 대가는 해당 작업이 얼마나 복잡한가, 혹은 단순한가에 달려 있다. 단순한 작업의 경우 시간이 25퍼센트 혹은 그 이하로 늘어날 수도 있고, 매우 복잡한 작업의 경우에는 시간이 100퍼센트 혹은 그 이상 늘어날 수도 있다." 이러한 내용에 대해 연구한 데이비드 마이어 박사의 말이다. 작업 전환에는 대가가 따른다. 그런 대가를 치르고 있다는 사실조차 모르는 사람이 대부분이긴 하지만 말이다.

착각과 실수의 진짜 이유

실제로 한 번에 두 가지 일을 하면 무슨 일이 벌어지는가? 간단하다. 두 가지 일이 따로 분리된다. 우리 뇌 속에는 여러 개의 통로가 있고, 그로 인해 우리는 두뇌 속 서로 다른 부분에서 서로 다른 종류의 데이터를 처리할 수 있다. 걸으면서 말을 할 수 있는 것이 바로 이 때문이다. 이 경우 두 통로 사이에 간섭이나 방해가 없지만 여기에는 한 가지 문제가 있다. 두 가지 행동 모두에 100퍼센트 집중할 수는 없다는 점이다. 하나는 집중한 상태에서, 또 다른 하나는 집중하지 않은 상태에서 일어난다. 걷다가 DC-10 비행기를 착륙시키는 방법에 대해 상세히 설명하려고 한다면 중간에 멈춰 서야 할 것이다. 마찬가지로 깊은 협곡 위에 드리워진 밧줄 구름다리를 건너가려면 말을 하고 있다가도 멈춰야 할 것이다. 한 번에 두 가지 일을 할 수는 있지만 한 번에 두 가지 일에 모두 효과적으로 집중할 수는 없다. 심지어 우리 집 개 맥스도 이 사실을 안다. 내가 맥스의 머리를 긁어 주며 TV의 농구 경기에 집중하고 있으면 맥스는 내 다리를 쿡쿡 찔러 댄다. 건성으로 머리를 긁어 주는 건 성에 차지 않는 것이 분명하다.

의식적인 노력 없이도 몸이 움직이고 있다는 이유로 자신이 멀티태스킹하고 있다고 생각하는 이들도 많다. 물론 맞는 말이다. 하지만 그들이 생각하는 것과는 조금 다르다. 호흡 같은 신체적 활동은 두뇌에서 집중력이 필요한 부위가 아닌 다른 부위에서 조종하기 때문에 두뇌 속

통로 간 충돌이 일어나지 않는다. 어떤 것이 '머릿속 가장 정중앙에 있다'거나 '인식의 최고점에 있다'는 말은 사실 매우 정확한 표현이다. 바로 그 부위, 즉 전전두엽에서 집중력이 발생하기 때문이다. 어떤 일에 집중하면 그것은 중요한 일에 스포트라이트를 비추는 것과 같다. 한 번에 두 가지 일에 주의를 기울일 수는 있지만 그런 경우 집중력이 나뉠 수밖에 없다. 이는 부인할 수 없는 사실이다. 한 번에 두 가지 일을 하면 집중력이 분산된다. 세 가지 일을 하면 그중 하나는 완전히 망치게 될 것이다.

한 번에 두 가지 일에 집중할 때 어느 한 가지 작업이 더 많은 집중력을 요구하거나, 이미 사용 중인 두뇌 통로와 상충될 때 문제가 일어날 수 있다. 아내가 거실 가구를 새로 바꾸고는 그 모습을 설명해 준다고 치자. 이때 당신의 시각피질이 작동하며 그 모습을 머릿속으로 그려 보려고 애쓰게 된다. 그런데 그때 하필 운전을 하고 있는 중이라면 시각 피질에서 충돌이 일어나면서 새로운 소파와 2인용 안락의자를 상상하다가 당신 바로 앞에서 급정거한 앞차를 보지 못하는 불상사가 발생하게 된다. 한 마디로 한 번에 두 가지 일에 효과적으로 집중하는 것은 불가능하다는 말이다.

한 번에 두 가지 이상의 일을 하려 애쓰는 것은 집중력을 분산시켜 그 두 가지 일 모두에 좋지 않은 결과를 가져올 수 있다. 그러면 멀티태스킹이 우리의 두뇌를 어떻게 합선시키는지 알아보자.

1. 한 번에 사용할 수 있는 두뇌 용량에는 한계가 있다. 두뇌 용량을 원하는 만큼 쪼갤 수는 있겠지만 그러다 보면 시간과 효율성 면에서 대가를 치르게 될 것이다.

2. 다른 작업으로 전환하는 데 시간을 보내면 보낼수록 처음의 작업으로 돌아갈 가능성은 낮아진다. 마무리 짓지 못한 일이 쌓이는 것이 바로 이 때문이다.

3. 하나의 작업에서 또 다른 작업으로 이리 뛰고 저리 뛰다 보면 두뇌가 새로운 작업에 맞춰 방향을 전환하느라 귀한 시간을 버리게 된다. 그렇게 낭비된 시간이 아무리 적어도 오랫동안 쌓이면 많아질 수밖에 없다. 연구 결과에 따르면 우리는 멀티태스킹의 비효율성으로 인해 매일 평균 28퍼센트의 근로시간을 낭비한다고 한다.

4. 만성적으로 멀티태스킹을 하는 사람들은 어떤 일을 하는 데 필요한 시간을 예측하는 감각이 떨어진다. 그래서 실제보다 훨씬 더 걸린다고 생각한다.

5. 멀티태스커들은 그렇지 않은 사람들보다 더 많은 실수를 저지른다. 올바르지 못한 의사결정을 내리는 경우도 많아진다. 기존 정보가 더 중요할 때마저도 그것보다 더 새로운 정보를 선호하기 때문이다.

6. 멀티태스커들은 수명을 단축시키고 행복을 빼앗아가는 스트레스를 더 많이 경험한다.

이렇게 뚜렷한 연구 결과가 나와 있는데도 우리는 자꾸만 멀티태스킹을 하려고 든다. 멀티태스킹이 더 많은 실수와 잘못된 선택, 스트레스로 이어지는 것을 알면서도 말이다. 어쩌면 그것이 너무 유혹적이어서 그런지도 모른다. 회사원들의 경우 평균적으로 거의 한 시간에 서른일곱 차례나 모니터에 띄운 화면을 바꾸고, 이메일을 확인하고, 아니면 다른 프로그램을 연다고 한다. 집중을 방해하는 요소가 많은 환경에 있다 보니 그런 것일 수도 있고 아니면 작업을 전환하는 데서 오는 짜릿한 기분 때문일 수도 있다. 여러 매체를 한 번에 보려는 멀티태스커들은 실제로 화면이나 채널을 돌리면서 도파민이 분비되어 짜릿함을 느끼고, 이것은 중독성까지 있다고 한다. 그런 자극이 사라지면 금세 지루함을 느낀다. 이유가 어찌 됐건 그 결과는 명확하다. 멀티태스킹은 업무 속도를 늦추고, 우리를 바보로 만든다.

멀티태스킹의 치명적 위험

2009년《뉴욕 타임스》기자 매트 릭텔은 운전 중 문자메시지를 보내거나 통화하는 것이 얼마나 위험한지에 대한 연작 기사 '운전 중 한눈팔기의 위험성'(Driven to Distraction)으로 보도 부문 퓰리처상을 받았다.

그가 밝혀낸 바에 따르면 그런 식의 운전으로 인해 발생하는 사고가 사망 사고 중 16퍼센트를 차지하고, 매년 거의 50만 건에 달하는 부상을 일으킨다고 한다. 심지어 가벼운 통화를 하는 것도 전체 집중력의 40퍼센트를 잡아먹는데 놀랍게도 이것은 음주운전을 하는 것과 같은 수준의 영향이라고 한다. 이러한 증거가 너무나도 명백하게 드러나자, 많은 주와 지방 자치 단체에서는 운전 중 휴대전화 사용을 금지시켰다. 어쩌면 온 가족이 탄 자동차가 무시무시한 트럭과 부딪히는 일이 문자 메시지 단 하나 때문에 벌어졌을 수도 있다. 이런 멀티태스킹은 한 가족의 불행 그 이상의 것을 야기할 수 있다.

생명이 달려 있는 문제에서는 멀티태스킹이 매우 치명적인 결과를 초래한다는 것을 모르는 사람은 없을 것이다. 우리는 비행기 조종사나 의사가 자신에게 주어진 일을 할 때 다른 모든 것을 잊고 그 일에만 전념하길 바라며 당연히 그러하리라 여긴다. 그리고 혹시라도 다른 짓을 하다가 발각되면 큰 질책을 받아 마땅하다고 생각한다. 그런 전문가들로부터는 어떤 변명도 받아들이지 않을 것이다. 그런데 우리들은 어떤가? 이중 잣대를 대고 있는 것은 아닌가? 왜 우리의 일은 그들의 일만큼 중요히 여기거나 진지하게 받아들이지 않는가? 자신에게 가장 중요한 일을 하고 있으면서 대체 왜 멀티태스킹을 용납하는 것인가?

우리는 종종 우리의 일상적인 업무가 심장 수술처럼 생사를 좌우하는 일이 아니라는 이유로 '집중'의 중요성을 간과하곤 한다. 그러나 비행기 조종사나 의사의 일이 집중하지 않고는 성공적일 수 없듯이 우리의 일 또한 그러하다. 당신의 업무 역시 똑같이 존중 받을 권리가 있다. 우리가 하는 각각의 일은 우리의 일만으로 그치지 않는다. 어떤 일을 맡든 그것을 잘 해내야 하는 의무가 있다. 이런 식으로 생각해 보자. 정말로 하루 일과 중 3분의 1을 엉뚱한 데 빼앗기고 있다면 한 사람의 커리어를 통틀어 얼마나 많은 시간이 낭비되는 것인가? 다른 사람들의 커리어는? 기업에는 어떤가? 곰곰이 생각해 보길 바란다. 이 문제를 해결하지 못하면 자기 커리어를 제대로 관리하지 못하거나 회사에서 쫓겨날 수도 있다. 만약 당신이 리더의 위치에 있다면 다른 사람들의 커리어나 회사를 잃게 만들 수도 있다.

집중력의 결핍은 업무 말고도 우리의 개인적인 삶에 어떤 영향을 미치는가? 작가인 데이브 크렌쇼는 이렇게 썼다. "우리가 함께 사는 사람이나 함께 일하는 사람들은 우리의 관심을 온전히 받을 권리가 있다. 그들을 향한 관심이 분산되거나, 그들에게 단편적인 시간만을 내주거나, 관심이 이리 갔다 저리 갔다 하면 거기에 들어가는 시간만 낭비되는 것이 아니다. 결국 그들과의 관계를 망치고 말 것이다." 한 사람은 열심히 대화를 이어가려 애쓰지만 다른 한 사람은 식탁 밑에서 문자를 보내고 있는 커플을 볼 때마다 크렌쇼의 말이 얼마나 큰 진리인지 새삼 깨닫게 된다.

핵심 개념

1. 정신이 흐트러지는 건 본능이다. 집중력이 흐트러졌다고 낙담하지 마라. 그건 모든 사람이 똑같다.

2. 멀티태스킹에는 대가가 따른다. 집중력이 흐트러지면 옳지 못한 선택을 내리고, 고통스러운 실수를 저지르며, 불필요한 스트레스를 받게 된다. 멀티태스킹은 간혹 가능하긴 하지만 좋은 효과를 내는 방법은 절대 아니다.

3. 집중력이 흐트러지면 결과가 나빠진다. 한 번에 너무 많은 일을 하려고 하면 결국 아무것도 잘하지 못하게 될 것이다. 현재 자신에게 무엇이 가장 중요한지 알아내고 그 일에 전념하라.

6

성공은 철저한
자기관리에서 온다

우리 문화에서 가장 지배적인 헛된 믿음은 바로 자기관리라는 허상이다.
– 리오 바바우타(자기계발 전문가)

성공한 사람은 '자기관리가 철저한 삶'(disciplined life)을 사는 '자신과 절대 타협하지 않는 사람'이라는 것이 일반적인 사람들의 인식이다.

하지만 그건 사실이 아니다.

사실 우리가 이미 가지고 있는 자기통제력 외에 더 많은 것이 필요하지는 않다. 그저 그것을 옳은 방향으로 이끌고 조금 더 잘 관리해야 할 뿐이다.

대부분의 사람들이 생각하는 것과 달리 성공은 끊임없이 자신을 훈련시켜야 하는 마라톤 경기가 아니다. 성과를 올리기 위해 언제나 절제

된 행동만 하고, 모든 면에서 자기관리가 철저한 사람이 될 필요는 없다. 사실 성공은 단거리 경주다. 건전한 습관이 자리를 잡을 때까지만 자신을 훈련시켜 달리는 단거리 전력질주인 셈이다.

무슨 일을 해야 하는데 제대로 되지 않으면 우리는 "자기관리가 필요해."라고 이야기하곤 한다. 사실 이때 우리에게 필요한 것은 그 일을 지속시키는 '습관'이다. 그리고 그런 습관을 만들기 위해 필요한 양만큼의 자기 규율만 있으면 된다.

성공에 대해 이야기할 때마다 우리는 늘 '관리'와 '습관'이라는 단어를 만나게 된다. 그 의미는 다르지만 이 두 단어는 높은 성과를 이루는 바탕으로 함께 작용한다. 어떤 목표를 위해 주기적으로 노력하다 보면 그것이 주기적으로 높은 성과를 보장해 주는 것이다. 본질적으로 자기관리를 철저히 한다는 건 자신을 스스로가 정한 방식대로 행동하도록 훈련하는 것과 같다. 그 훈련을 충분히 유지하면 일상, 달리 말해 습관이 된다. 그러니 '자기관리에 철두철미'하게 보이는 사람도 실제로는 몇 가지 바람직한 습관을 만들어 확립시킨 것뿐이다.

그리고 사실 누가 그런 사람이 되고 싶겠는가? 모든 행동 하나하나에 원칙을 정해 놓고 그대로 사는 것은 아무리 생각해도 불가능하고 한편으로는 매우 지루한 일일 것이다. 대부분의 사람들이 궁극적으로 이런 결론에 도달하지만, 다른 대안이 없음을 깨닫고 결국 불가능을 위한 노력을 두 배로 높이거나 조용히 포기하고 만다. 좌절감이 들고 결국 포기와 체념이 자리를 잡는다.

성공하기 위해 반드시 자기관리에 철저한 사람이 될 필요는 없다. 아니, 생각보다 훨씬 적은 자기통제력만으로도 성공할 수 있다. 그 이유는 단 하나다. 성공은 옳은 일을 해야 얻는 것이지, 모든 일을 다 제대로 해야 얻을 수 있는 것이 아니기 때문이다.

성공을 이루는 비결은 올바른 습관을 선택하고 그것을 확립하기에 필요한 수준만큼의 통제력을 갖추는 것이다. 그게 전부다. 이 습관이 삶의 일부가 되면 당신도 남의 눈에 자기관리가 철저한 사람처럼 보이겠지만 당신 스스로는 그 일을 하는 데 어려움을 느끼지 않을 것이다. 강력한 습관을 얻기 위해 선택적인 집중을 실천한 사람, 당신은 바로 그런 사람이 될 것이다.

선택적 집중의 놀라운 효과

올림픽 수영 챔피언 마이클 펠프스는 선택적 집중의 좋은 본보기라 할 수 있다. 어릴 적 그가 주의력결핍 과잉행동장애(ADHD)라는 진단을 받았을 때 유치원 선생님은 그의 어머니에게 이렇게 말했다. "마이클은 잠시도 가만히 앉아 있질 못해요. 조용히 하지도 않아요. 재능도 없습니다. 아드님은 앞으로 어떤 일에도 집중하지 못할 거예요." 열한 살 때부터 그의 코치를 맡았던 밥 바우먼은 펠프스가 말썽을 많이 피워 수영장의 인명구조원 자리에서 벌을 받은 적이 많았다고 말했다. 그런 부정적인 행동은 그가 성인이 된 이후에도 종종 나타나곤 했다.

그런데도 그는 수십 개의 세계 신기록을 세웠다. 2004년 아테네 올림픽에서는 금메달 여섯 개와 동메달 두 개를 땄고, 2008년 베이징 올림픽에서는 금메달 여덟 개라는 대기록을 세워 수영의 전설 마크 스피츠를 앞지르기도 했다. 그가 딴 통산 열여덟 개의 금메달은 종목을 막론하고 올림픽 역사상 가장 뛰어난 개인 기록이다. 은퇴 전 2012년 런던 올림픽에서 딴 메달까지 합치면 총 스물두 개가 되고, 이로써 그는 역사상 전 종목을 통틀어 올림픽에서 가장 많은 메달을 딴 선수가 되었다. 한 기자는 펠프스에 대해 이렇게 이야기했다. "그가 만약 개인이 아니고 한 국가였다면 지난 세 차례 올림픽에서 세계 12위에 올랐을 것이다." 오늘날 그의 어머니는 이렇게 말한다. "마이클의 집중력은 정말 놀라워요." 바우먼은 그것을 그의 '최고의 강점'이라고 부른다. 어떻게 이런 일이 벌어졌을까? '어떤 일에도 집중하지 못할 것'이라던 소년은 어떻게 이리도 큰 성과를 올렸을까?

비결은 단순하다. 펠프스는 자신에게 필요한 부분에서 선택적 집중을 발휘했던 것이다.

열네 살부터 베이징 올림픽까지 펠프스는 일주일에 7일, 1년에 365일 훈련에 매진했다. 그는 일요일에도 훈련을 하면 경쟁 상대들에 비해 1년에 52일을 더 훈련할 수 있음을 깨달았다. 그리고 매일 물에서 최대 여섯 시간씩 보냈다. "에너지를 바람직한 방향으로 돌리는 것이 그의 최고 장점 중 하나입니다." 바우먼의 말이다. 지나치게 단순화하려는 건 아니지만 펠프스가 자신의 모든 에너지를 하나에, 그리고 다시 그것을 하나의 습관, 즉 매일 훈련하는 것에 쏟아 부었다고 해도 과언이 아니다.

올바른 습관 계발에 어떤 성과가 따르는지는 말하지 않아도 알 것이다. 그것은 당신이 원하는 성공을 가져다준다. 거기다가 때로 간과되는 뜻밖의 소득도 얻을 수 있다. 일단 인생이 더 뚜렷하게 보이고 덜 복잡해진다. 무엇을 잘해야 하는지, 무엇을 할 필요가 없는지 알게 되기 때문이다. 마이클 펠프스는 수영장에서 자신만의 강점을 찾아냈다. 그리고 그 강점을 선택적 집중을 통해 습관으로 만들었고, 그 습관은 그의 삶을 바꾸어 놓았다.

당신에게 필요한 시간, 66일

자기관리와 습관. 솔직히 말해 대부분의 사람들은 이 두 가지 주제에 대해 이야기하는 것조차 꺼린다. 그렇다고 누가 그들을 비난할 수 있겠는가? 나도 그들을 이해한다. 이 두 단어가 우리 머릿속에서 만들어 내는 이미지들은 주로 딱딱하고 불쾌한 것들이다. 두 단어를 읽기만 해도 벌써 숨이 가쁘고 피곤하다. 하지만 좋은 소식이 있다. 습관을 만드는 건 처음에만 힘들다는 사실이다. 습관을 유지하는 데는 에너지와 노력이 훨씬 덜 들어간다. (그림 7 참조) 어떤 행동을 하나의 습관으로 바

그림 7 | 새로운 행동이 습관이 되면 그것을 유지하는 데는
최소의 노력만으로도 충분하다.

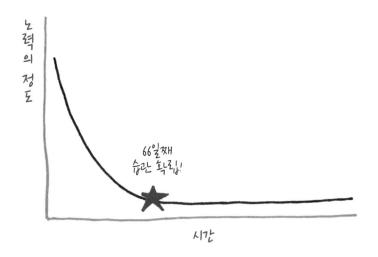

꿀 정도로 오래 유지하면 그때부터 여정이 다르게 느껴질 것이다. 삶의
일부가 되도록 하나의 습관을 확립하라. 그러면 힘을 훨씬 덜 들이고도
일상이 효과적으로 바뀔 것이다. 힘든 일이 습관이 되면 습관은 그 힘든
일을 쉽게 만든다.

그렇다면 행동이 습관이 되기까지 얼마만큼의 시간이 필요한가? 런
던 대학교에서 실시한 연구에 그 해답이 있다. 2009년, 연구진은 학생
들에게 이러한 질문을 던졌다. 새로운 습관을 형성하기까지 얼마나 오
래 걸리는가? 연구진은 새로운 행동이 자동적으로 혹은 몸에 밴 것처럼

나오기 시작하는 순간이 언제인지 알아보기로 했다. 그러한 '자동성'의 순간은 그림과 같이 곡선의 95퍼센트 지점을 통과했을 때, 그리고 그 행동을 유지하기 위해 들이는 노력이 최저점을 찍었을 때 나타난다. 연구원들은 학생들에게 다이어트 목표를 세우게 하고 일정 기간 동안 운동을 하게 한 뒤 그들의 진척 과정을 관찰했다. 그 결과 그들이 새로운 습관을 들이는 데는 평균 66일이 걸리는 것으로 나타났다. 전체적으로 보면 18일에서 254일까지 다양했지만 행동이 습관으로 자리 잡는 데는 평균 66일이 걸렸고, 쉬운 행동은 그보다 더 짧게, 힘든 행동은 더 오래 걸렸다. 자기계발 전문가들은 변화를 만드는 데 21일이면 충분하다고 주장하지만 그것을 뒷받침하는 과학적인 연구 자료는 찾을 수 없다.

이처럼 올바른 습관을 기르는 데는 시간이 걸리니 너무 금방 포기하진 마라. 올바른 습관이 무엇인지 정한 다음, 그것을 습관으로 확립하는 데 필요한 시간을 할애하고, 그것을 발달시키기 위해 필요한 모든 통제력과 훈련을 동원하라.

호주의 과학자 메건 오튼과 켄 쳉은 습관 형성과 관련된 후광 효과의 증거를 찾아냈다. 그들이 실시한 연구에서 긍정적인 습관을 들이는 데 성공한 학생들은 스트레스를 덜 받고, 충동구매가 줄었으며, 식습관도 나아졌다. 또 술, 담배, 커피 소비가 줄었고, TV를 보는 시간도 줄었으며, 심지어 설거지도 미루지 않고 제때 하게 되었다고 했다. 한 가지 습관을 들이기 위해 자신의 행동을 관리할 수 있게 되면 그 일뿐만 아니라 다른 일들도 더 손쉬워진다. 좋은 습관을 가진 사람들이 다른 이들보다 무엇이든 더 잘 해내는 것처럼 보이는 것도 이 때문이다. 그들은 가장 중요한 일을 주기적으로 하는 법을 알고, 그 결과로 다른 모든 일이 더 쉬워지는 것이다.

당신의 습관이 당신이 누구인지 말해 준다. 당신이 얻는 성취는 한 번의 행동(action)이 아닌 삶에서 만들어진 습관(habit)에서 나온다. 애써 성공을 찾을 필요는 없다. 선택적 집중의 힘을 이용하여 올바른 습관을 들여라. 그러면 탁월한 성과가 당신을 찾아올 것이다.

핵심 개념

1. 자기관리에 집착하지 마라. 대신 강력한 습관을 지닌 사람, 그것을 개발하기 위해 선택적 집중을 이용하는 사람이 돼라.

2. 한 번에 하나씩 습관을 들여라. 한 번에 좋은 습관을 두 개 이상 만들 수 있을 정도로 강한 정신력을 가진 사람은 없다. 위대한 성공을 거둔 사람도 초인은 아니다. 그들은 모두 하나의 중요한 습관을 들이기 위해 선택적 집중을 발휘한 것이다.

3. 습관 하나에 충분한 시간을 들여라. 충분한 시간을 투자해 행동을 일상으로 만들어라. 습관이 만들어지기까지 평균 66일이 걸린다. 일단 습관이 들고 나면 그 습관을 더욱 발전시키거나 필요에 따라 또 다른 습관을 만들어 나가라.

7

의지만 있다면
못할 일은 없다

세이렌의 유혹을 뿌리치기 위해 돛대에 자신을 묶으라고 한 오디세우스는
자신의 의지력이 얼마나 약한지 잘 알고 있었다.
— 패트리샤 코헨(《뉴욕 타임스》 기자)

●

일부러 고생을 하고 싶어 하는 사람이 어디 있겠는가? 누가 알면서도
곤란한 상황에 발을 들이고, 일부러 진퇴양난의 상황을 만들며, 의도적
으로 불리한 입장에 처하려 하겠는가? 아마 그럴 사람은 없을 것이다.
하지만 대부분의 사람들은 자기도 모르는 사이에 그런 일을 한다. 그것
도 매일. 의미를 정확히 이해하지도 못한 채 성공과 의지력을 직접 연
결시키려고 하는 것은 실패로 가는 지름길이다. 우리가 그럴 필요는 없
지 않은가.

단호한 결심의 중요성을 말하는 영국의 속담이 있다. "뜻이 있는 곳

에 길이 있다."(Where there's a will, there's a way) 그런데 내가 생각하기에는 아마 이 속담으로 도움을 받은 사람보다 엉뚱한 길로 빠져든 사람이 더 많을 것 같다. 입에 잘 붙는 쉬운 말이어서 그런지 그 진정한 의미를 되새겨 보는 사람이 거의 없다. 인간이 지닌 정신 능력의 위대함을 찬양하는 방식으로 널리 알려진 의지력은 성공에 필요한 1차원적인 처방전으로 오해되곤 한다. 하지만 의지력이 강한 힘을 발휘하려면 그 이상의 것이 필요하다. 의지력이 단순히 사람의 투지를 불러오는 장치라고 생각한다면 똑같이 중요한 다른 요소를 빼먹은 셈이다. 그건 바로 의지력과 함께 반드시 필요한 '타이밍'이라는 요소다.

지금까지 살아오면서 나는 의지력에 대해 곰곰이 생각해 본 적이 없었다. 그러다가 딱 한 번, 어느 순간에 그 주제에 푹 빠져 버리고 말았다. 자신의 행동을 결정하기 위해 스스로를 통제할 수 있는 능력이라니, 정말로 멋진 발상이 아닐 수 없었다. 거기에 훈련을 더하면 곧 습관이 된다. 반면 훈련 없이 자연스럽게 쓸 수 있다면 그것이야말로 가공되지 않은 순수한 힘이다. 의지의 힘 말이다.

의지력을 이용하면 성공은 내 것이다. 나 역시 그 말만 믿고 야심차게 움직였다. 하지만 안타깝게도 그리 오래 가진 못했다. 의기양양하게 의지를 가지고 덤벼들자 처음에는 목표가 별 것 아닌 것처럼 보였지만 얼마 지나지 않아 기운이 쭉 빠지는 일이 벌어지고 말았다.

언제나 의지력이 충만한 것은 아니었던 것이다.

의지력은 어떤 순간엔 하늘을 뚫을 것만 같다가도 또 다음 순간이면

펑 하고 연기처럼 사라져 버렸다. 그리고 또 어느 순간 충만해져서 투지를 불태우다가 돌아서면 또 완전히 없어져 버리고는 했다. 그건 내 마음대로 쓸 수 있는 게 아니었다. 나의 의지력은 발이라도 달린 것처럼 제멋대로 나타났다 사라졌다. 부르면 재깍재깍 나타나는 온전한 의지력을 바탕으로 성공을 쌓는다는 전략은 효과가 없었다. 처음 드는 생각은 이랬다. 내게 문제가 있는 건가? 나는 실패자인 건가? 그런 것이 분명했다. 내게 투지 따윈 전혀 없는 것 같았다. 기개 같은 것도, 내적인 힘도 당연히 없었다. 그래서 나는 더욱 용기를 내고 결의를 총동원하여 노력을 두 배로 높였다. 그러고 나서는 다시 한 번 씁쓸한 결론에 도달했다.

의지력은 늘 꺼내 쓸 수 있는 것이 아니라는 것이었다.

동기가 아무리 강하다 해도 의지력은 늘 내 곁에서 나의 부름을 기다리고 있는 것이 아니었다. 당황스럽지 않을 수 없었다. 의지력은 항상 내 안에 있고, 내가 원하면 언제든 가져다 쓸 수 있는 것인 줄 알았다. 하지만 그런 내 생각이 틀렸다.

의지력이 늘 발휘될 수 있다는 말은 거짓말이다.

사람들은 보통 의지력이 중요하다고만 생각하지 그것이 우리의 성공에 얼마나 결정적인 역할을 하는지 명확히 이해하지는 못한다. 그런데 의지력이 정말로 얼마나 중요한지 밝혀 준 아주 흥미로운 연구 프로젝트가 있었다.

마시멜로 테스트의 비밀

1960년대 후반과 1970년대 초, 월터 미셸 박사가 스탠포드 대학교의 빙 유아원에서 네 살짜리 아이들을 괴롭히는 실험에 착수했다. 이 사악한 실험에 500명이 넘는 아이들이 동원되었고, 자기 아이들을 실험에 참여시킨 부모들은 몸을 배배 틀면서 괴로워하는 아이들의 모습을 보고 수백만 명의 다른 관찰자들과 마찬가지로 웃음을 터뜨렸다. 이 사악한 실험의 제목은 '마시멜로 테스트'로, 의지력을 살펴보는 아주 흥미로운 방법을 제시했다.

우선 아이들에게 프레첼, 쿠키 그리고 그 악명 높은 마시멜로가 주어졌다. 그런 다음 연구원이 잠시 나가 있는 15분 동안 그것을 먹지 않고 기다리면 같은 과자를 하나 더 주겠다고 말했다. 지금 먹으면 하나밖에 먹을 수 없지만 기다리면 나중에 두 개를 먹을 수 있다는 뜻이었다. (이 규칙을 설명한 바로 그 순간부터 그만두고 싶어 한 아이들이 있는 것으로 보아 미셸 박사의 실험은 이미 성공적이었다.)

그림의 떡과 같은 마시멜로와 함께 덩그러니 남겨진 아이들은 시간을 보내기 위해 온갖 수단과 방법을 쓰기 시작했다. 눈을 감고, 머리카락을 잡아당기고, 고개를 돌리는 아이들부터 과자 주변을 맴돌고, 냄새를 맡고, 심지어 과자를 사랑스레 쓰다듬는 아이들도 있었다. 평균적으로 아이들은 3분을 버티지 못했다. 그리고 열 명의 아이 중 단 세 명만이 연구원이 돌아올 때까지 먹지 않고 기다렸다. 대부분의 아이들은 '만족 지연'을 이겨 내기 힘겨워했다. 의지력이 약했던 것이다.

처음에는 이 마시멜로 테스트의 성공 여부와 아이의 미래에 어떤 연관성이 있을지 아무도 생각하지 못했다. 그러다가 연관성이 있을지도 모른다는 생각이 자연스럽게 생겨나게 된 계기가 발생한다. 미셸 박사의 세 딸 역시 빙 유아원에 다니고 있었는데, 그 후로 몇 년 동안 미셸 박사가 실험에 참가했던 다른 아이들은 어떻게 지내고 있느냐고 딸들에게 묻다가 거기에서 일종의 패턴을 발견한 것이다. 딸들의 말에 따르면 끈기 있게 기다렸다가 두 번째 과자를 받은 아이들이 공부를 잘하는 것처럼 보였다. 그것도 아주 월등하게 말이다.

여기에서 힌트를 얻은 미셸 박사는 1981년부터 실험 참가자들을 체계적으로 추적 조사하기 시작했다. 그는 아이들의 성적표와 생활기록부를 요청하는 한편, 아이들이 학습 부분이나 사회성 부분에서 어떻게 발달했는지 알아보기 위해 질문지를 보냈다. 그의 예감은 틀리지 않았다. 의지력, 다른 말로 만족을 지연시킬 수 있는 능력은 미래의 성공을 가리키는 매우 중요한 지표였던 것이다. 그로부터 30년 넘게 미셸 박사와 그의 동료들은 '우수한 만족 지연자들'이 얼마나 높은 성과를 보였는지에 대한 수많은 논문을 발표했다. 실험에서 테스트를 통과한 아이들은 전반적으로 학업 성적이 우수했고, SAT(미국 대학입학 자격시험) 점수가 평균 210점 더 높았으며, 자아존중감이 높고, 스트레스도 더 잘 관리했다. 반면 '열등한 만족 지연자들'은 비만이 될 확률이 30퍼센트 더 높았고, 성인이 된 이후에 각종 약물에 중독된 경우도 많았다. 어릴

적 엄마가 "기다리는 사람이 더 좋은 걸 받는다."라고 한 말은 사실이었던 것이다!

의지력은 이처럼 중요하기에 우리는 그것을 효과적으로 사용하는 방법을 알아 두어야 한다. 하지만 안타깝게도 의지력은 우리 마음대로 언제든 가져다 쓸 수 있는 것이 아니므로 최대한 적절히 활용하려면 먼저 잘 관리할 수 있어야 한다.

'일찍 일어나는 새가 벌레를 잡는다'거나 '볕이 좋을 때 건초를 말려라' 같은 말처럼 의지력에서 중요한 것은 '타이밍'이다. 의지가 있으면 원하는 바를 이룰 수 있다. 타고난 성격이 의지력에서 중요한 요소를 이루는 것이 사실이긴 하지만 의지력을 자기 것으로 만들어 잘 활용하는 관건은 그것을 이용하는 타이밍에 있다.

의지력도 피곤함을 느낀다

의지력을 휴대전화에 남은 배터리 양이라고 생각해 보자. 우리는 매일 아침 건전지 모양의 표시등에 막대기가 가득 찬 채로 하루를 시작하고, 시간이 지나면서 의지력을 쓸 때마다 남은 양이 줄어든다. 따라서 건전지 속 막대기가 줄어들 때마다 우리의 결의도 줄어들고, 그것이 붉은색으로 변해 깜빡거리기 시작하면 의지력도 바닥이 난 것이다. 의지력의 수명은 정해져 있다. 하지만 조금 한가한 시간이 오면 다시 충전할 수도 있다. 한계가 있지만 다시 만들어 낼 수 있는 자원인 셈이다. 가진 양이 정해져 있기 때문에 의지력을 발휘해야 하는 행동을 할 때마다 한 번은 이기고 한 번은 지는 시나리오가 만들어진다. 의지력을 이용해 현재 닥친 상황을 무사히 통과하고 난 후 의지력이 충전되지 않는다면 다음번에는 의지력을 발휘하기 힘들어진다. 힘겨운 하루를 보내고 나면 밤늦게 야식을 먹고 싶은 유혹을 뿌리치기 힘들어지는 것도 이와 마찬가지다.

사람은 누구나 한정된 자원을 잘 관리해야 한다는 것을 알고 있지만 의지력이 그러한 자원 중 하나라는 사실은 잘 모른다. 그래서 의지력이 무한정 공급되는 것처럼 행동하기 일쑤다. 의지력을 음식이나 잠처럼 관리해야 할 자원이라고 생각하지 않아서 자주 곤란한 상황에 처하게 된다. 의지력이 가장 필요한 순간에 의지를 전혀 사용하지 못하게 되기 때문이다.

스탠포드 대학교의 바바 쉬브 교수가 실시한 연구는 우리의 의지력이 얼마나 덧없는지 잘 보여 준다. 그는 165명의 학생들을 두 그룹으로 나눈 뒤, 한 그룹에게는 두 자리 숫자를, 다른 한 그룹에게는 일곱 자리 숫자를 하나씩 외우게 했다. 둘 다 평균 지능을 지닌 사람이라면 충분히 할 수 있는 일이었고, 외울 시간도 넉넉히 제공했다. 학생들이 모두 숫자를 외우고 난 뒤에는 다른 방으로 이동해 외운 숫자를 다시 떠올리게 했다. 그리고 다른 방으로 가는 도중 실험에 참여해 준 것에 감사하는 의미로 약간의 간식을 주었다.

참가자는 간식으로 나온 음식 두 가지 중 하나를 고를 수 있었다. 하나는 맛은 좋지만 몸에는 나쁜 초콜릿 케이크였고, 다른 하나는 건강에 좋은 생과일이었다. 여기에서 아주 흥미로운 결과가 나타났다. 일곱 자리 숫자를 외운 학생들이 두 자리 숫자를 외운 학생들보다 초콜릿 케이크를 두 배나 더 많이 선택했던 것이다. 인지적으로 아주 조금 더 힘든 일을 하는 것만으로도 건강에 나쁜 선택을 하게 만들기에 충분하다는 뜻이었다.

이 실험이 시사하는 바는 매우 놀라운 것이었다. 머리를 많이 쓸수록 정신력이 떨어진다는 점이다. 의지력은 빠르게 피로해지고 휴식을 필요로 하는 속근(速筋)과 같다. 대단히 힘이 세지만 지구력은 꽝이다. 미네소타 대학교의 캐슬린 보스 교수가 2009년 《프리벤션》과 한 인터뷰를 빌리자면 "의지력은 자동차에 채워둔 기름과 같다. 구미가 당기는 것에 저항할 때마다 일부를 사용하게 되어 있다. 더 세게 저항할수록 기름통은 점점 비게 되고, 결국 기름이 완전히 떨어진다." 고작 숫자를 다섯 개 더 외우는 것만으로도 우리의 의지력이 바닥나기엔 충분하지 않았는가.

의지의 높고 낮음이 의사결정을 내리는 것과 연관되어 있다면 우리가 먹는 음식 또한 의지력의 수위를 조절하는 데 매우 중요한 역할을 한다.

음식, 의지력을 위한 연료

두뇌는 몸무게의 2퍼센트도 채 안 되지만 놀랍게도 우리가 섭취하는 열량의 20퍼센트나 사용한다. 두뇌가 자동차라면 연비 측면에서 볼 때 무시무시한 자동차인 허머(Hummer, 미국 사륜구동 대형 지프 차—옮긴이)라고 할 수 있다. 우리가 하는 의식적인 행동 중 대부분은 집중력과 단기 기억을 담당하고, 문제를 해결하며, 충동을 조절하는 전전두엽에서 발생한다. 우리를 인간답게 만드는 곳, 즉 실행 조절 기능과 의지력을 담당하는 곳이 바로 이 부위다.

여기 흥미로운 점이 한 가지 있다. 우리의 뇌 속에서도 '후입선출'(last in, first out)의 원리가 작용한다. 에너지나 혈액 같은 자원이 부족해지면 가장 최근에 발달된 뇌 부위가 먼저 피해를 입게 된다. 호흡과 신경 반응 같은 것들을 조절하는 더 오래 되고 더 많이 발달된 부위가 먼저 혈액을 공급받고, 이런 부위는 한 끼를 굶더라도 사실상 거의 아무런 영향을 받지 않는다. 반면 전전두엽은 즉각적으로 그 여파를 느낀다. 안타깝게도 인간 발달 측면에서 상대적으로 최근에 발달된 전전두엽은 식사 시간이 다가오면 한없이 여리고 약한 처지가 된다.

최근의 연구를 보면 왜 이것이 중요한지 알 수 있다. 2007년에《성격 및 사회 심리학 회보》(Journal of Personality and Social Psychology)에 실린 한 논문을 살펴보면 영양과 의지력 사이의 연관 관계를 다룬 아홉 개의 연구가 나와 있다. 그중 한 연구에서 실험 참가자들에게 의지력이 필요한 일과 필요 없는 일을 각각 시키고 그 일을 하기 전과 후의 혈당 수치를 측정했다. 의지력을 발휘한 참가자들은 혈류 내 포도당 수치가 현저하게 떨어진 것으로 나타났다.

두 번째 실험은 의지력이 필요한 일을 두 가지 연달아 하게 했을 때 각각의 성과에 어떤 차이가 있는지 알아보는 것이었다. 첫 번째 과제가 끝나고 두 번째 과제가 시작되기 전, 한 그룹에게는 진짜 설탕을 넣어 달게 한 레모네이드 한 잔을 주었고, 다른 한 그룹에게는 가짜 당, 즉 인공감미료인 스플렌다를 넣은 같은 음료를 주었다. 가짜 당을 제공받은 그룹은 설탕이 든 음료를 마신 그룹보다 실수를 저지른 비중이 약두 배 높았다.

이런 연구들은 의지력이 회복이 느린 정신적 근육과 같다는 결론을 잘 뒷받침한다. 한 가지 일을 위해 의지력을 사용했다면, 연료를 재충전하지 않는 한, 다음 번 일을 할 때 필요한 의지력이 부족해진다. 최선을 다하려면 말 그대로 우리의 정신력에 무언가를 먹여야 한다. 그야말로 '생각을 위한 음식'이 필요하다는 말이다. 오랜 시간 동안 균일하게 혈당을 높여 주는 음식, 즉 복합 탄수화물이나 단백질이 높은 음식이 성과를 올리는 사람들의 연료가 된다. 말 그대로 '우리가 먹은 음식이 곧 우리가 된다'는 것을 알 수 있다.

내가 옳다고 생각한 것이 정말 옳은 것인가

의지력과 관련하여 맞닥뜨리는 심각한 도전 과제 중 하나는 바로 의지력이 떨어지면 '기본값'의 상황으로 돌아가려는 경향이 있다는 점이다. 스탠포드 경영대학원의 조너선 레바브와 이스라엘 벤 구리온 대학교의 리오라 아브나임 페소, 샤이 댄지거는 이에 대한 흥미로운 연구를 진행했다. 인간의 의지력이 이스라엘 가석방 시스템에 미치는 영향을 살펴본 것이다.

그들은 10개월 동안 여덟 명의 심사관들이 맡은 1,112건의 가석방 심사(이것은 같은 기간 이스라엘의 전체 가석방 심사의 40퍼센트를 차지했다)를 세심히 분석했다. 그 일은 심사관들을 녹초로 만들기에 충분했다. 심사관은 각 측의 주장을 듣고 약 6분 내에 결정을 내리는 식으로 하루에 14~35건을 심사했으며, 쉬면서 재충전할 시간은 하루에 단 두 번, 오전 간식과 늦은 점심식사 시간뿐이었다. 이 빡빡한 일정이 업무에 미치는 영향은 놀라운 동시에 매우 중요했다. 심사가 처음 시작되는 오전과 두 번의 휴식시간 직후에는 가석방 승인율이 65퍼센트에 달했지만, 휴식시간 직전에는 거의 0에 가깝게 떨어진 것이다. (그림 8 참조)

이러한 결과는 반복적인 의사결정으로 인해 발생하는 정신적인 피로와 직접적으로 연관이 있다. 가석방의 결정은 수감자와 국가 전체에 매우 중요한 결정이다. 이처럼 중대한 문제와 급하게 돌아가는 일정은 하루 종일 어마어마한 집중력을 요한다. 그런데 에너지가 떨어지면 심사

그림 8 | 좋은 의사결정은 단순히 지혜와 상식보다 많은 것을 필요로 한다.

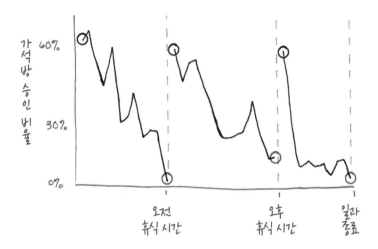

관들은 정신적으로 '판단 기본값'으로 되돌아가게 되고, 이는 가석방의 희망을 품은 수감자들에게 좋은 소식이 아니다. 가석방 심사관의 판단 기본값은 '가석방 불가'이기 때문이다. 확실한 판단이 어렵고, 심사관의 의지력마저 낮다면 수감자는 교도소를 나가기 힘들어진다.

당신도 주의하지 않으면 머릿속의 기본값 조건으로 인해 곤경에 처할 수 있다.

의지력이 바닥나면 우리는 보통 기본값 조건에 의지한다. 여기에서 문제가 발생한다. 그렇다면 당신의 기본값은 무엇인가? 의지력이 바닥을 달린다면 배가 출출할 때 당근을 먹겠는가, 아니면 기름기 많은 감자칩을 먹겠는가? 꾸준히 해야 하는 일에 집중할 수 있겠는가, 아니면 그 순간 찾아온 다른 시답잖은 오락거리에 금방 정신이 팔리겠는가? 의지력이 바닥난 상태에서 자신의 가장 중요한 업무를 완수했다면 당신의 기본값이 곧 성과의 정도를 결정할 것이다. 그런데 그 결과는 평균에 그치고 마는 경우가 대부분이다.

의지력도 관리가 필요하다

우리가 의지력을 잃는 이유는 그것에 대해 생각하기 때문이 아니라 생각하지 않기 때문이다. 의지력이 생겼다가 사라질 수 있다는 사실을 이해하지 못하면 말 그대로 생겼다가 사라지는 것을 그대로 방치하게 된다. 매일 의식적으로 그것을 보호하려는 노력을 기울이지 않으면 한 순간 의지력이 충만하다가도 다음 순간엔 의지력도, 나아갈 길도 보이지 않는 상황에 처하게 된다. 당신이 원하는 것이 성공이라면 이런 식으로 행동해서는 안 된다.

한 번 생각해 보라. 의지력의 강도에는 정도가 있다. 녹색에서 빨강색으로 바뀌는 배터리 표시등처럼 우리에게는 '의지력'도 있고 '포기력'도 있다. 대부분의 사람들은 일이 더 힘들어지는 것도 모르는 채 가장 중요한 일에 '포기력'을 쓰곤 한다. 의지와 결의가 성공에 쓰이는 중요한 자원임을 모르고 가장 중요한 일을 위해 그것을 남겨 두지 않거나 바닥났을 때 채워 주지 않으면 성공으로 향하는 길은 요원할 것이다.

그렇다면 의지력을 어떻게 활용하고 관리해야 할까? 의지력에 대해 생각하고, 주의를 기울여라. 의지력이 가장 높을 때 가장 중요한 일을 우선으로 처리해야 한다. 다시 말해 중요한 일은 하루 중 가장 의지력이 충만한 시간에 하라는 뜻이다.

의지력을 떨어뜨리는 행동들

- 새로운 행동 시작하기
- 집중을 흐트러뜨리는 것들을 걸러내기
- 유혹에 저항하기
- 감정을 억누르기
- 공격성을 억제하기
- 충동을 억누르기
- 시험 치르기
- 다른 이들에게 좋은 인상을 남기려 애쓰기
- 두려움을 극복하기
- 원치 않는 일을 하기
- 단기적 보상 대신 장기적 보상을 택하기

매일 우리는 자신도 모르게 의지력을 갉아먹는 온갖 행동을 하게 된다. 어딘가에 집중하고, 감정이나 충동을 억누르며 혹은 목표 달성을 위해 자신의 행동을 바꾸려고 한다. 당연히 의지력은 바닥난다. 이것은 마치 송곳을 가져다가 자동차 연료선에 구멍을 내는 것이나 다름없다. 얼마 지나지 않아 사방에서 의지력이 새어 나가게 될 것이고, 정작 가장 중요한 일을 할 때쯤엔 하나도 남아 있지 않게 될 것이다. 따라서 다른 모든 한정되고도 중요한 자원처럼 의지력 또한 세심히 관리해야 한다.

의지력에 관한 한 타이밍이 무엇보다도 중요하다. 올바른 일을 하고 있을 때는 다른 어떤 것에도 정신이 팔리거나 엉뚱한 길로 빠지지 않게 의지력을 최대한으로 끌어올릴 필요가 있다. 그런 다음에는 완수한 일을 계속 유지하거나 그것을 망치지 않기 위해 남은 시간 동안 충분한 의지력이 더 필요할 것이다. 성공하기 위해 필요한 의지력은 그것이 전부다. 따라서 하루라는 시간을 투자해 최고의 성과를 얻고 싶다면 의지력이 떨어지기 전에, 당신의 가장 중요한 일, 그 한 가지 일을 일찍 해치워라. 시간이 흐르면 의지력이 흐트러지므로 가장 중요한 일을 하는 데 최고의 의지력을 발휘하라.

의지력과 싸우지 마라. 의지력의 작동 방식에 맞춰 하루 일과와 인생을 설계하라. 의지력을 늘 꺼내 쓸 수는 없을지 몰라도 가장 중요한 일에 가장 먼저 사용할 수는 있을 것이다.

핵심 개념

1. 의지력을 넓고 얇게 퍼뜨리지 않는다. 의지력은 한정되어 있으므로 무엇이 중요한지 정한 다음 그 일을 위해 의지력을 아껴라.

2. 연료계를 늘 확인한다. 의지력을 최대로 발휘하려면 연료통이 꽉 차 있어야 한다. 두뇌에 연료가 부족하다는 이유로 자신에게 가장 중요한 일을 대충 처리하는 일이 벌어져선 안 된다. 몸에 좋은 음식을 시간 맞춰 먹어라.

3. 언제 어떤 일을 할지 정한다. 의지력이 가장 강할 때 가장 중요한 일을 하라. 의지력이 최고로 높다는 건 곧 성공할 가능성도 최고로 높아진다는 뜻이다.

8

일과 삶에 균형이
필요하다

효율이란 일을 제대로 하는 것이고
효과란 올바른 일을 하는 것이다.
– 피터 드러커(미국의 경영학자)

●

절대적인 균형이란 세상에 존재하지 않는다. 그렇다. '균형 잡힌 상태'
처럼 보이는 것은 그 차이가 눈에 보이지 않을 만큼 미세할지 몰라도
사실 균형을 잡기 위해 피나는 노력을 하고 있는 과정에 불과하다. '균
형'은 생김새는 명사이지만 사실 동사처럼 움직인다. 또 '균형'은 궁극
적으로 우리가 손에 넣을 수 있는 무엇처럼 보이긴 하지만 사실 우리가
끊임없이 노력을 기울여야만 하는 과정의 일이다.

  '균형 잡힌 삶'(balanced life) 같은 건 존재하지 않는다. 대부분의 사
람들이 곰곰이 생각해 보지 않은 채 달성 가능한 훌륭한 '목표'인 것처

럼 받아들이는 잘못된 개념일 뿐이다. 이 기회를 빌려 당신도 다시 한 번 생각해 보기 바란다. 사회적 통념에 의문을 품고, 거부하길 바란다.

균형 잡힌 삶이란 거짓말이다.

균형이라는 개념은 말 그대로 개념에 지나지 않는다. 철학에서 말하는 '중용의 덕, 중도'란 양 극단 사이의 어딘가에 있는 중간 지점을 의미하고, 이는 어느 한쪽에 치우치지 않는 두 지점 사이의 중간을 설명할 때 쓰는 개념이기도 하다. 정말 원대한 생각이긴 하나 그다지 실용적이라고 볼 수는 없다. 이상적일 뿐이지 현실적이진 않다는 말이다. 과연 완벽한 중도, 균형이라는 게 가능한 일인가?

많은 사람들이 "내 삶엔 균형이 필요해."라고 한탄한다. 균형 잡힌 삶에 대한 말을 자주 듣다 보니 그것이 우리가 반드시 추구해야 할 목표라고 자동적으로 생각하게 된다. 그렇지 않다. 목적의식, 삶의 의미, 중요성, 이런 것들이야말로 성공적인 삶을 만드는 요소다. 그것들을 추구하다 보면 당연히 불균형한 삶을 살게 될 가능성이 높다. 우선적으로 중요한 일들을 처리하다 보면 눈에 보이지 않는 중간의 선을 이리저리 넘나들게 된다. 남다른 성과는 일정 정도 이상의 집중력과 시간을 필요로 한다. 한 가지 일에 시간을 쏟는다는 것은 자연히 다른 일에 들어가는 시간을 줄인다는 뜻이다. 그러니 균형은 불가능해질 수밖에 없다.

어쩌다 우리는 균형에 집착하게 되었나

역사적으로 균형 잡힌 삶이란 특권 계급층만이 생각할 수 있는 것이었다. 수천 년 동안 우리에게는 일이 곧 삶이었다. 일을 하지 않으면 즉 동물을 사냥하고, 곡식을 추수하고, 가축을 기르지 않으면 목숨을 부지할 수 없었다. 그러나 세월이 흐르면서 상황도 달라졌다. 제레드 다이아몬드의 퓰리처상 수상작 《총, 균, 쇠》(Guns, Germs, and Steel)를 보면 잉여 식량을 생산하던 농장 기반 사회로부터 궁극적으로 전문적인 특수 집단이 만들어졌음을 확인할 수 있다. "1만 2000년 전, 지구상의 모든 사람들은 사냥꾼인 동시에 채집하는 사람이었다. 그러나 오늘날 우리들은 농부이거나 농부들이 재배한 곡식을 사먹는 사람으로 나뉜다." 식량을 찾아다니거나 직접 곡물을 기르는 일에서 해방된 뒤 사람들은 학자도 되고 기술자도 될 수 있었다. 어떤 이들은 우리 식탁에 오르는 음식을 생산하고 또 다른 이들은 그 식탁을 만든다.

처음에는 대다수의 사람들이 자신의 필요와 야망에 따라 일을 했다. 대장장이는 오후 6시까지 대장간에 남아 있을 필요가 없었다. 말굽을 신기는 일이 다 끝나면 언제든 집에 갈 수 있었다. 그러다가 19세기 산업혁명이 발생하면서 최초로 수많은 사람들이 다른 누군가의 밑에서 일하기 시작했다. 근로자를 사정없이 밀어붙이는 상사, 1년 내내 쉼 없이 돌아가는 근로 스케줄, 새벽이고 늦은 밤이고 상관없이 불이 환하게 켜진 공장이 생겨났다. 그 뒤를 이어 20세기에는 근로자를 보호하고 근로 시간을 제한하는 움직임이 여기저기에서 생겨났다.

'일과 삶의 균형'(work-life balance)이라는 표현이 생긴 것은 기혼 여성 중 절반 이상이 근로자 대열에 합류한 1980년대 중반이었다. 2005년에 출간된 《삶은 함께, 일은 따로: 맞벌이 가정에서 일과 삶의 균형》(Being Together, Working Apart: Dual-Career Families and the Work-Life Balance)이라는 책에 실린 랄프 고모리의 서문을 다른 말로 바꾸어 표현하면, 우리는 생계를 책임지는 사람 한 명과 가정주부 한 명으로 이루어진 가정에서 출발하여 생계를 책임지는 사람 두 명과 가정주부는 없는 가정에 도달했다. 회사일은 물론이고 집안일까지 해야 하는 기혼 여성들의 삶이 고달파졌으리라는 것을 알 수 있다. 그러나 1990년대에 들어서자 '일과 삶의 균형'이라는 표현은 남성들에게도 일종의 좌우명이 되었다. 경영 정보 전문 기업 렉시스넥시스(LexisNexis)가 전 세계 상위 100대 신문을 조사한 결과 이 주제를 다룬 기사의 수는 1986년부터 1996년까지는 32건에 불과했으나 2007년에는 그 한 해만 해도 1,674건이나 되어 극적인 증가를 보인 것으로 나타났다. (그림 9 참조)

기술의 발달과 함께 우리 삶에 무언가가 빠져 있다는 믿음이 커진 것은 아마 우연이 아닐 것이다. 개인의 공간이 침해되고 삶과 업무의 경계가 허물어지면서 그런 일이 생길 수밖에 없다. 실제 삶의 여러 문제에 뿌리를 둔 이와 같은 '일과 삶의 균형'이라는 발상은 분명 우리의 생각과 상상력을 사로잡았다.

그림 9 | '일과 삶의 균형'이라는 표현이
신문과 잡지 기사에 등장한 횟수는 최근 크게 증가했다.

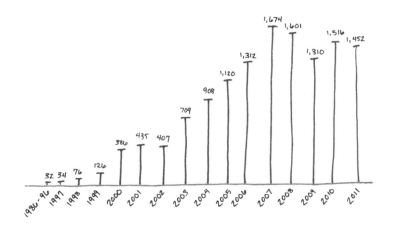

일과 삶의 균형이라는 헛된 믿음의 부상

기적은 항상 극단에서 일어난다

균형을 향한 욕구가 생기는 것은 당연한 일이다. 모든 일을 할 수 있는
충분한 시간이 생기고, 모든 일이 제시간에 마무리된다는 것은 그 생각
만으로도 마음이 평안해지고 고요해진다. 이러한 평온함이 너무나도
현실적으로 느껴져서 우리 삶은 당연히 그래야만 하는 것처럼 보인다.
하지만 사실은 그렇지 않다.

그림 10 │ 균형 잡힌 삶을 추구한다는 것은
어떤 것도 극단을 추구하지 않는다는 뜻이다.

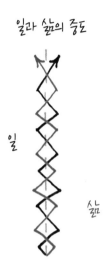

균형이 곧 중도라고 생각한다면 불균형은 곧 중도에서 멀어지는 것을 뜻한다고 생각하기 쉽다. 중도에서 너무 멀어지면 극단적인 삶을 살고 있는 셈이 된다. 그러나 중도적인 삶을 살 때는 어떤 일에든 많은 시간을 투자하기가 힘들어진다는 문제가 생긴다. 모든 일에 관심을 쏟으려 하다 보면 그 모든 일에 대한 노력이 부족해지고, 제대로 완수되는 일이 하나도 없게 된다.

중도적인 삶을 살아도 괜찮은 때가 있는가 하면 그렇지 않은 때도 있다. 언제 중도를 택하고 언제 극단을 달려야 할지 아는 것이 본질적으로 지혜로운 삶을 사는 방식이다. 탁월한 성과는 바로 이와 같은 시간과의 타협을 통해 이루어진다.

균형을 추구하지 말아야 할 이유는 기적이 결코 중간 지점에서 일어나지 않기 때문이다. 기적은 바로 극단에서 일어난다. 여기에서 우리는 딜레마에 빠진다. 극단을 추구하다 보면 자신의 한계를 맞닥뜨리게 되기 때문이다. 우리는 본능적으로 성공이 자신이 지닌 능력의 한계 가장 바깥쪽 가장자리에 있다는 걸 이해하고 있지만 그렇게 멀리까지 나가면 우리 삶에서 '균형'이 무너지지 않을까 덜컥 겁을 내고 물러난다.

시간은 결코 우리를 기다려 주지 않는다

중도를 택하는 것과 마찬가지로 극단적으로 달려가는 것 역시 늘 관리하기 힘들다는 문제가 있다. 너무 오랜 시간 일하다 보면 결과적으로 우리의 개인적 삶이 황폐해진다. 야근과 연장 근무가 바람직하다는 헛된 믿음에 빠지면 "내 삶이 없어." 같은 말을 하면서 부당하게 일 탓을 하게 된다. 때로는 이와 정반대인 상황도 있다. 직장 생활이 방해를 하지 않는데도 개인적 삶 자체가 '해야 할 일들'로 가득 차 또 한 번 "내 삶이 없어."라고 투덜거리는 것이다. 때로는 양쪽 모두에서 공격을 받기도 한다. 삶과 일 모두에서 해야 할 일들이 너무나도 많다고 느끼면 또 한 번 "나에겐 왜 내 삶이 없는 거야!"라고 외치는 것이다.

그림 11 | 극단을 추구하는 것도 나름의 문제가 있다.

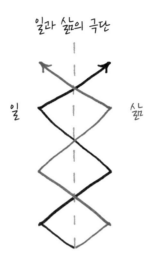

예전에 아내가 자기 친구 이야기를 들려준 적이 있다. 그 친구의 어머니는 학교 선생님이었고 아버지는 농부였다. 친구의 부모는 은퇴 후에 여행 다닐 것을 기대하며 궁상스러울 정도로 돈을 아끼며 평생 구두쇠처럼 살았다. 친구는 어머니와 함께 정기적으로 동네 옷 가게에 가서 옷감과 옷본을 고르던 즐거운 기억을 가지고 있었다. 어머니는 그렇게 장만한 옷감으로 나중에 은퇴 후 여행을 다닐 때 입을 옷을 만들 것이라고 했다.

하지만 어머니는 결국 은퇴를 하지 못했다. 교직 생활의 마지막 해에 암에 걸렸고, 얼마 뒤 숨을 거둔 것이다. 홀로 남은 아버지는 함께 모은 돈에 감히 손을 대지 못했다. 그것은 부부가 함께 모은 '그들의' 돈이었고, 돈을 함께 쓸 아내가 곁에 없기 때문이었다. 아버지가 돌아가시고 난 후 친구는 부모님의 집을 정리하러 갔다가 벽장이 옷감과 드레스 옷본으로 가득 찬 것을 발견했다. 어머니가 돌아가신 후에도 아버지는 그것을 치우지 못했던 것이다. 어떻게 그럴 수 있었겠는가. 거기에는 너무나도 큰 의미가 담겨 있는데. 지키지 못한 약속으로 가득 차 있어서 감히 들 수조차 없을 만큼 무겁게 느껴졌을 것이다.

시간은 우리를 기다려 주지 않는다. 무언가를 지나치게 극단으로 몰아가며 뒤로 미루다간 그것을 영영 만나지 못하게 될 수도 있다.

거의 평생을 매일같이 야근하고 주말에도 일하던 아주 성공적인 사업가를 한 명 알고 있다. 그는 그것이 모두 가족을 위한 것이라고 굳게 믿고 있었다. 언젠가 고된 일이 모두 끝나면 가족 모두가 노동의 결실을 즐기면서 함께 시간을 보내고, 여행도 하고, 그동안 하지 못했던 모든 일을 할 수 있을 것이라 여겼다. 오랜 세월에 걸쳐 회사를 키운 뒤 그는 얼마 전 회사를 매각하고 다음으로 무슨 일을 할지 생각하기 시작했다. 그에게 어떻게 지내느냐 묻자 그는 자랑스레 아주 잘 지낸다고 대답했다. "사업을 키우는 동안에는 집에도 잘 못 들어가고 가족들도 거의 보지 못했었죠. 그래서 지금은 함께 휴가를 보내면서 잃어버린 시간을 메우고 있어요. 어떤지 잘 아시죠? 이제 시간도 있고 돈도 있으니 과거의 그 세월을 되찾고 있는 것 같아요."

어린 자녀에게 잠들기 전 책을 읽어주거나 유치원 생일잔치에 참석하는 일을 정말로 되찾을 수 있다고 생각하는가? 다섯 살 아이의 생일을 축하해 주는 것과 고등학교 친구들을 둔 십 대 자녀와 식사하는 것이 정말 같을까? 어린 자녀의 축구 경기에 응원하러 가는 것이 다 자란 성인 자녀의 축구 경기를 관람하는 것과 같을까? 당신이 다시 참여할 준비가 될 때까지 중요한 모든 걸 잠시 일시정지 해달라고 신에게 기도하면 그것이 이루어질 것 같은가?

시간을 가지고 도박하는 것은 결코 되찾을 수 없는 돈을 거는 것과 같다. 설사 이길 수 있다고 자신한다 하더라도 그동안 잃어버린 것에 대해 후회하지 않을 자신이 있는가?

시간을 가지고 저울질하다 보면 빠져나올 수 없는 동굴로 떨어지게 되어 있다. 균형 잡힌 삶이라는 거짓말을 믿으면 하지 말아야 할 일을 하거나 해야 할 일을 중단하게 될지도 모른다. 중도라는 문제는 당신이 저지르는 일 중에 가장 심각한 문제가 될 수도 있다. 거스를 수 없는 시간은 결코 간과할 수 없는 문제다. 그럼, 균형 잡힌 삶이 말도 안 되는 거짓말이라면 어떻게 해야 할까?

평형추처럼 반대되는 힘을 적용하여 중심을 맞춰주면 된다.

'균형'이란 말 대신 '중심 잡기'라고 해보자. 그러면 당신이 겪고 있는 일도 이해가 될 것이다. 이미 균형이 잡혀 있다고 우리가 믿는 것들도 실은 반대되는 힘을 적용하여 균형을 맞춰 주고 있는 것뿐이다. 긴 장대를 들고 외줄타기를 하는 곡예사가 대표적인 예다. 불과 몇 센티미터

너비의 줄 위를 아슬아슬하게 건너는 곡예사들의 모습을 잘 보면 그들이 때때로 장대를 좌우로 움직이며 수평을 맞추는 것을 볼 수 있다. 어느 한쪽으로 쏠리지 않게 중심을 옮기는 것이다. 만약 이 장대가 없다면 그들은 결코 안정적으로 줄을 건너갈 수 없을 것이다. 이것이 바로 중심 잡기다. 이 '중심 잡기'라는 것을 제대로 수행하기만 하면 균형이 잡힌 것처럼 보일 수 있다.

버리고, 선택하고, 집중하라

균형이 안 잡혔다고 말하는 것은 대체로 우리에게 중요한 것, 즉 우선적으로 해야 할 일들이 제대로 처리되지 않았거나 충족되지 않았다는 뜻이다. 기억해 둬야 할 것은 진정으로 중요한 일에 집중하다 보면 다른 무언가는 언제나 제대로 처리되지 않는다는 점이다.

아무리 애를 써도 하루, 일주일, 한 달, 1년 그리고 삶이 끝날 때 즈음엔 무언가 마무리되지 못한 일이 남게 되어 있다. 그것을 모두 해내려 애쓰는 건 소용없는 짓이다. 중요하지 않은 어떤 일들을 미완성인 채로 남기는 것은 탁월한 성과를 얻기 위해 반드시 치러야 할 대가와 같다. 하지만 모든 것을 미완의 상태로 남겨 두어선 안 된다. 이때 바로 중심 잡기가 필요하다. 다만 돌이킬 수 없을 정도로 멀리까지 가거나 나중에 돌아왔을 때 당신을 기다리는 것이 아무것도 없을 정도로 오래 걸리지 않으면 된다.

이는 당신의 삶에서 아주 중요하게 생각해야 할 문제다. 11년간 약 7,100명의 영국 공무원들을 조사한 바에 따르면 습관적인 야근이 생명에 위협을 줄 수 있다고 한다. 하루에 11시간 이상 근무(주당 55시간 이상 근무)한 사람은 심장 질환에 걸릴 가능성이 67퍼센트나 높았다. 중심 잡기는 정신뿐 아니라 신체적 건강에도 큰 영향을 준다.

중심을 잡는 것에는 두 가지 종류가 있다. 일과 개인적 삶 사이에서 중심을 잡는 것과 각각의 시간 속에서 중심을 잡는 것이다. 직업적인 성공에서 중요한 것은 업무에 얼마나 많은 시간을 투입하느냐가 아니다. 핵심은 집중할 수 있는 시간이 얼마나 되느냐다. 탁월한 성과를 내기 위해서는 무엇이 가장 중요한지 선택한 다음 그것을 성취하는 데 필요한 모든 시간을 들여야 한다. 그렇게 하려면 다른 업무에서 발생하는 문제와 관련해 극단적으로 균형을 깨뜨려야 한다. 다른 문제는 손을 쓸 수 없을 만큼 악화되지 않도록 가끔씩 중심을 잡아 주면 된다.

개인적 삶에서는 무엇보다도 '안다는 것'이 중요하다. 자신의 몸과 마음을 알고, 가족과 친구를 알고, 자신이 실질적으로 무엇을 필요로 하는지 알아야 한다. '삶을 즐기고 싶다면' 이 중 하나도 놓쳐선 안 된다. 일을 위해서든 혹은 다른 어떤 것을 위해서든 무엇도 희생시켜선 안 된다. 이들 사이를 수시로 왔다 갔다 하거나 때로 두어 가지를 한데 합칠 수도 있지만 그것들 중 어느 하나도 오랫동안 무시할 순 없다. 치밀한 중심 잡기는 당신의 개인적 삶에서 꼭 필요한 것이다.

그림 12 | 남다른 성과가 나오려면 균형을 잡아주는 행위 사이에
긴 기간이 필요하다.

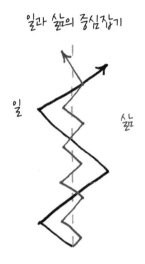

중요한 것은 중심을 잡느냐 잃느냐가 아니라 '짧게 가느냐, 길게 가느냐'이다. 개인적 삶에서 중심이 흔들리는 경우라면 간격을 짧게 두고 수시로 중심을 잡아라. 짧게 가면 가장 중요한 모든 것들과 관계를 잃지 않으면서 그것들을 함께 움직여 나갈 수 있다. 직업적인 삶에서는 오랜 기간 활동하면서, 탁월한 성과를 내기 위해서는 오랫동안 불균형 상태를 유지해야 할지도 모른다는 사실을 인정하고 받아들여라. 길게 가면 우선순위가 떨어지는 다른 것들을 희생시키는 한이 있더라도 가장 중요한 것에 집중할 수 있다. 개인적 삶에서는 버리고 가는 것이 없

게 하고, 반대로 직업적 삶에서는 그렇게 해야만 한다.

《더 다이어리: 니콜라스를 위한 수잔의 일기》(The Diary)라는 책에서 저자 제임스 패터슨은 개인적 삶과 직업적 삶에서 균형을 잡을 때 우선순위를 어디에 둬야 하는지 명확히 보여 주었다. "삶이라는 게임에서 다섯 개의 공을 저글링하고 있다고 상상해 보라. 그 공은 각각 일, 가족, 건강, 친구, 정직이다. 그리고 지금 당신은 그것들을 모두 떨어뜨리지 않고 성공적으로 저글링하고 있다. 하지만 어느 날 '일'이 고무로 된 공이라는 걸 깨닫게 된다. 그걸 떨어뜨리면 도로 튀어오를 것이다. 하지만 다른 네 개의 공, 즉 가족, 건강, 친구, 정직은 유리로 만들어져 있다. 그걸 떨어뜨리면 돌이킬 수 없이 흠이 나고, 이가 나가거나, 심지어 산산조각이 날 수도 있다."

우선순위와 균형은 함께할 수 없다

균형의 문제는 사실 우선순위에 대한 문제다. 균형이라는 말 대신 우선순위라는 말을 쓰면 여러 선택지들을 더욱 또렷하게 볼 수 있고, 또 다른 운명으로 가는 문을 열 수 있다. 남다른 성과를 만들려면 우선순위를 세워야 한다. 우선순위에 따라 행동하면 자동적으로 균형에서 벗어나 어느 하나에 더 많은 시간을 투자하게 된다. 즉, 균형을 깨뜨려야만 한다. 문제는 그 우선순위에 얼마나 많은 시간을 투자하느냐다. 업무를 우선순위에 따라 처리하기 위해서는 자신에게 가장 중요한 일이 무엇인지 명확히 알고 그것부터 끝내야 한다. 그런 다음 퇴근해서는 가정에서의 우선순위를 명확히 파악하여, 다음 날 다시 일에 집중할 수 있어야 한다.

무게를 맞추는 삶을 살아라. 중요한 일을 맨 앞에 두고, 나머지 부분들은 기회가 닿는 대로 관심을 쏟아라. 훌륭한 삶이란 곧 다른 여러 부분의 무게를 맞추는 삶이다.

핵심 개념

1. 두 개의 양동이를 들고 균형을 잡는다고 생각하라. 직업적 삶과 개인적 삶을 두 개의 양동이에 나누어 담아라. 각각의 양동이에는 나름의 중심 잡기 기술과 접근법이 있다.

2. 직업적 양동이의 무게를 맞춰라. 업무에는 완전히 익혀야 하는 기술이나 지식이 필요하다. 당신의 업무 생활은 크게 두 부분, 가장 중요한 일과 그 외의 일들로 나누어질 것이다. 가장 중요한 업무에는 극단적일 정도로 시간을 투자하고, 나머지 부분에 대해서는 큰 부담을 갖지 마라. 직업적으로 성공하려면 그렇게 해야 한다.

3. 개인적 삶에서 양동이의 무게를 맞춰라. 자신의 삶에 여러 부분이 있으며, 각 부분은 스스로 '난 내 삶이 있다'고 느낄 수 있을 정도의 최소한의 관심을 필요로 한다. 그중 하나라도 놓치면 그 여파를 곧바로 느끼게 될 것이다. 무엇보다도 지속적으로 삶의 각 부분에 대해 인식하고 있어야 한다. 각 부분 모두를 지킬 수 있도록 무게 맞추기에 관심을 기울여라. 어느 한 가지를 버려둔 채 너무 오래 가서도, 너무 멀리 가서도 안 된다. 개인적 삶을 온전히 누리려면 그렇게 해야 한다.

9

크게 벌이는
일은 위험하다

우리가 목표 달성을 힘겨워하는 이유는 장애물 때문이 아니라
덜 중요한 목표 쪽으로 훤히 뚫린 다른 길 때문이다.
– 로버트 브롤트(미국의 저널리스트)

●

동화 빨간 망토에 등장하는 커다란 나쁜 늑대, 미국 컨트리 음악 속에
나오는 크고 나쁜 존(Big bad John), 소설과 영화 속의 빅 브라더(Big
Brother). 옛날이야기부터 포크송에 이르기까지 큰 것이 나쁘거나 위험
하다는 생각은 아주 오래전부터 존재해 왔다. 하지만 이것은 사실이 아
니다. 큰 것이 위험할 수 있고 위험한 것이 클 수도 있지만, 그 둘은 동
일한 단어가 아닐 뿐더러 연관되어 있는 단어도 아니다.

큰 것이 위험하다는 말은 거짓이다.

어쩌면 세상에서 가장 심한 거짓말일지도 모른다. 큰 성공을 두려워

하면 성공을 피하거나 그것을 이루기 위한 노력을 중단할 수 있기 때문이다.

누가 큰 것을 두려워하는가?

'크다'는 말과 '성과'라는 말을 한 문장 속에 넣어 말하면 많은 이들이 반발하거나 도망치려 할 것이다. '크다'와 '성과'를 함께 이야기하면 듣는 사람이 가장 먼저 떠올리는 것은 '힘들다', '복잡하다', '시간이 오래 걸린다'와 같은 이미지일 것이다. 그들의 의견을 종합해 보면 '큰 성과에 이르기까지는 힘들고 복잡한 과정이 필요하다'는 정도가 될 것이다. 또한 그들이 느끼는 감정은 '위험을 감당하기 버겁고 두렵다' 정도일 것이다. 어떤 이유인지는 몰라도 커다란 성공은 자신을 짓누르는 듯한 압박과 스트레스를 가져오고, 그런 성공을 추구하다 보면 가족, 친구들과 보낼 시간을 빼앗길 뿐 아니라 결과적으로는 건강까지 잃을 것이라는 두려움이 팽배해 있다. 큰 성공을 이룰 권리가 자신에게 있는지 확신하지 못하거나, 노력을 기울이다가 실패했을 때 어떤 일이 일어날지 두려워하다 보면 머리가 핑핑 돌 지경이다.

이런 생각 모두가 '크다'는 개념에 거부감을 일으킨다. 신조어를 하나 만들자면 메가포비아(megaphobia), 큰 것에 대한 비이성적인 두려움이라 할 수 있겠다.

큰 일에는 위험이 따른다는 생각을 가지고 이를 두려워하면 사고의 범위가 점점 작아진다. 궤도를 낮게 잡는 것이 안전하다고 느끼고, 지금 이 자리에 그대로 머무는 게 신중한 선택 같기만 하다. 하지만 그건 사실이 아니다. 큰 일을 두려워하면 작은 사고가 당신의 하루를 지배할 것이고, 큰 일은 결코 현실이 되지 않는다.

큰 생각이 만들어 낸 4억 달러 기업

지구가 평평하다는 믿음 때문에 얼마나 많은 선장들이 돛을 펼 기회를 놓쳤는가? 인간은 물속에서 숨 쉴 수 없고, 하늘을 날 수 없고, 우주를 탐험할 수 없다는 생각 때문에 얼마나 많은 발전이 늦춰졌는가? 역사적으로 우리는 우리의 한계를 추정하는 실력이 형편없었다. 하지만 좋은 소식이 있다. 과학은 추측하는 것이 아니라 진보하는 기술이라는 점이다.

당신의 삶도 마찬가지다.

자신의 한계를 아는 사람은 없다. 지도에서는 경계와 한계가 뚜렷할지 몰라도 우리 삶의 경계와 한계는 명확하지 않다. 그런데 왜 자꾸 한계를 지으려 하는가? 예전에 크게 생각하는 것이 정말 현실적이라고 생각하느냐는 질문을 받은 적이 있었다. 나는 잠시 생각에 잠겼다가 이렇게 말했다. "먼저 한 가지 묻겠습니다. 당신은 당신의 한계가 어디까지

인지 알고 있나요?" "아니오." 그래서 나는 그러면 첫 번째 질문이 필요 없는 것이 아니냐고 대답했다. 닿을 수 있는 궁극적인 천장의 높이가 얼마나 되는지 아는 사람은 아무도 없다. 그러니 그것에 대해 걱정하는 건 시간 낭비일 뿐이다. 누군가가 당신에게 일정 정도 이상의 성공을 거둘 수 없을 거라고 말한다면 어떻게 하겠는가? 절대 닿을 수 없는 한계를 미리 정해 두라고 한다면 당신은 어느 수준을 택하겠는가? 높은 것, 아니면 낮은 것? 말 안 해도 그 답은 이미 알리라 생각한다. 이런 상황에 처하면 우리는 모두 같은 일을 할 것이다. 크게 생각하는 것이다. 왜일까? 자신에게 미리 한계를 정해 두고 싶어 하지 않기 때문이다.

크게 생각하는 것은 곧 자신이 어떤 사람이 될 수 있는지 생각하는 것이다. 이 개념을 받아들이면 큰 것을 다르게 바라볼 수 있게 된다.

그런 의미에서 큰 것이란 가능성의 도약이라는 말로도 바꿔 이야기할 수 있다. 새로 입사한 인턴사원이 이사회에 앉은 자신을 상상하는 것이나, 낯선 땅에 방금 도착한 무일푼의 이민자가 성공적인 기업가가 된 자신의 모습을 상상하는 것도 모두 이에 해당한다. 또한 그것은 스스로 익숙하고 편안함을 느끼는 범위를 벗어나게 만드는 대담한 상상인 동시에 당신의 가장 큰 기회를 비춰 주는 거울과 같다. 큰 성과를 가능하다고 믿으면 기존과는 다른 질문을 던지게 되고, 다른 길을 따르게 되며, 새로운 것들을 시도할 수 있게 된다. 그리고 그것들은 다시 지금까지 당신의 머릿속에만 있었던 다양한 가능성들에 문을 열어 준다.

사비어 바티아는 전 재산 250달러를 손에 쥔 채 미국에 왔지만 그는 혼자가 아니었다. 그에게는 역사상 그 어떤 기업보다도 빠르게 성장하는 회사를 세우겠다는 큰 계획과 믿음이 있었다. 그리고 마침내 그는 해냈다. 핫메일(Hotmail)을 세운 것이다. 혜성처럼 등장한 핫메일을 지켜보던 마이크로소프트는 4억 달러라는 돈을 주고 그 회사를 매입했다.

그의 멘토인 파루크 아르자니의 말에 따르면 바티아의 성공은 크게 생각하는 그의 능력과 직접적으로 연관되어 있었다. "내가 만났던 수백 명의 다른 기업가들과 차이점이 있다면 사비어는 어마어마하게 큰 꿈을 꾸었다는 겁니다. 실제로 제품을 만들어 내기 전에도, 사업을 뒷받침할 자본을 얻기 전에도 그는 수억 달러 상당의 큰 기업을 세우겠다는 확신에 차 있었죠. 그는 실리콘 밸리에서 발에 차일 정도로 많은, 그저 그런 흔한 기업을 세우지 않을 거라는 굳은 믿음을 가지고 있었습니다. 시간이 흐르면서 난 깨닫게 되었죠. 그가 정말로 해낼 것 같다고."

현재 핫메일은 3억 6천만 명 이상의 사용자를 거느린, 세계에서 가장 성공적인 웹메일 서비스 중 하나로 자리매김하고 있다.

성공은 생각의 크기에 비례한다

크게 생각하는 것은 탁월한 성과를 올리는 데 빠져선 안 될 필수요소다. 성공하려면 행동이 필요하고, 행동은 생각을 필요로 한다. 하지만 여기에는 한 가지 조건이 있다. 커다란 성공의 발판이 되는 행동은 큰 생각

그림 13 | 생각은 행동을 만들고, 행동은 결과를 만든다.

크게 생각하라(Think Big) - 크게 행동하라(Act Big) - 크게 성공하라(Succeed Big)

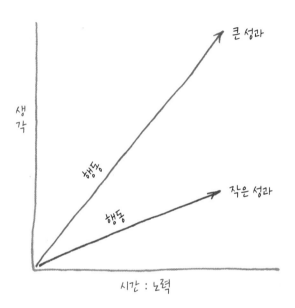

에서 비롯된다는 점이다. 이러한 관점에서 보면 크게 생각하는 것이 얼마나 중요한지 잘 알 수 있다.

　모두에게 주어진 시간은 같고, 열심히 일하는 데도 한계가 있다. 업무 시간 동안 무엇을 하느냐가 성과를 결정짓는다. 그리고 무엇을 하느냐는 생각에 따라 정해진다. 우리가 얼마나 크게 생각하느냐는 얼마나 높은 곳까지 이를 것인가를 결정짓는 발판이 된다.

이렇게 생각해 보자. 난이도에 상관없이 성과는 당신이 하는 일과 그 것을 하는 방법 그리고 누구와 그 일을 하느냐에 따라 결정된다. 문제 는 당신을 일정한 성취 수준까지 데려다 주는 '무엇을', '어떻게', '누가' 의 결합이 자연스럽게 다음 단계의 성공을 위한 결합으로 바뀌지는 않 는다는 점이다. 어떤 일을 제대로 끝마쳤다고 해서 언제나 다른 일을 더 나은 방식으로 할 수 있는 기반이 생기는 것도 아니고, 한 사람과의 관계가 자동적으로 다른 사람과의 더 성공적인 관계의 기회를 마련해 주는 것도 아니다. 안타깝게도 각각의 모든 일이 다음 단계를 위한 일 들의 초석이 되는 것은 아니다. 무언가를 한 가지 방식으로 하는 법을 배웠다면, 그리고 맺고 있는 인간관계가 한정적이라면 더 많은 것을 성 취하고 싶은 '마음'이 생기기 전까지는 그것만으로도 충분할 수 있다. 하지만 그때가 되면 비로소 뚫고 올라가기 너무 힘든 인공적인 '성취의 천장'을 만들어 놓았다는 것을 깨닫게 될 것이다. 사실상 자신을 상자 안에 가두어 둔 셈이다. 하는 일과 일을 하는 방법, 함께 하는 사람들 모 두를 생각할 수 있는 최대치로 상상해 보라. 끝을 모를 정도로 큰 상자 라면 아마 평생토록 그 어떤 벽에도 부딪치지 않을 것이다.

자신의 커리어나 사업을 '재창조'하겠다는 사람들의 말을 듣다 보면 자신을 가둔 작은 상자 때문에 그런 결심을 하게 된 경우가 많다. 오늘 만드는 상자가 내일이면 당신에게 더 큰 힘을 줄 수도, 당신의 움직임 을 제한할 수도 있다. 그것은 더 높은 수준의 성공으로 가기 위한 발판 이 될 수도 있고, 상자가 되어 당신을 그 자리에 가둘 수도 있다.

그림 14 | 어떤 상자를 택할 것인가, 어떤 성과를 택할 것인가

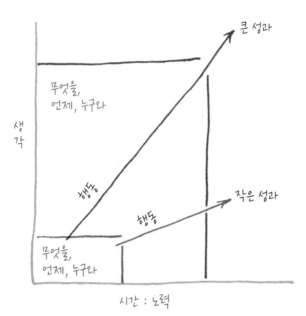

당신의 상자는 얼마나 큰가?

크게 생각하는 것은 오늘도, 그리고 내일도 남다른 성과를 낼 수 있는 최고의 기회를 제공한다. 아서 기네스가 첫 번째 맥주 양조장을 세웠을 때 그는 호기롭게 9000년짜리 공장 임대 계약을 맺었다. 조앤 롤링이 《해리포터》를 처음 구상했을 때에는 총 7권 중 첫 번째 책의 첫 장을 쓰기도 전에 호그와트에서의 7년을 꿈꾸었다. 샘 월튼은 첫 번째 월마트를 열기 전에 이미 이 사업을 너무나도 크게 구상한 나머지 상속

세를 줄이기 위해 미래의 부동산 계획까지 미리 세워야겠다고 생각했다. 그는 크게 되기도 전에 크게 생각함으로써 가족들이 부동산세로 내야 할 돈을 110~130억 달러나 줄여 놓았다. 세계에서 가장 큰 기업의 부를 최소한의 세금으로 후손에게 물려주려면 처음부터 크게 생각해야 할 필요가 있는 법이다.

크게 생각하는 것이 사업에만 국한되는 것은 아니다. 캔디스 라이트너는 딸이 음주운전 뺑소니 사고로 목숨을 잃은 뒤 1980년에 '음주운전에 맞서는 어머니들'(Mothers Against Drunk Driving, 이하 MADD)이라는 단체를 설립했다. 오늘날 MADD는 30만 명이 넘는 사람들의 목숨을 구했다. 캐나다의 라이언 레작은 선생님에게서 물 부족으로 고생하는 사람들의 이야기를 듣고 1998년에 여섯 살의 나이로 아프리카에 깨끗한 물을 주기 위한 운동을 시작했다. 오늘날 그의 단체인 라이언스웰(Ryan's Well)은 16개국에 75만 명이 넘는 사람들의 생활환경을 개선하고, 위생적이고 안전한 물을 제공하고 있다. 데릭 카욘고는 매일 호텔방마다 새로운 비누를 비치하는 것이 얼마나 큰 낭비이고 거기에 어떤 가치가 숨겨져 있는지 깨달았다. 그래서 2009년에 세계 비누 프로젝트를 시작하여 호텔에서 쓰고 남은 비누를 재활용해 21개 국가에 25만 개 이상의 비누를 제공했다. 이는 최빈국 사람들이 손을 청결하게 씻을 수 있게 함으로써 유아 사망률을 낮추는 데 일조하고 있다.

커다란 질문을 던지는 건 언뜻 겁이 날 수도 있다. 커다란 목표가 처음에는 닿을 수 없는 것처럼 보일 수 있다. 하지만 처음에는 말도 안 되는 것처럼 보이던 일이 막상 시작하고 나자 생각보다 쉬웠음을 깨닫게 된 적이 얼마나 많았는가? 때로는 일이 상상했던 것보다 쉬울 때도 있고, 때로는 생각보다 훨씬 힘들 때도 있다. 바로 그런 때, 큰 성과를 올리기 위한 여정에서 자기 자신도 더 커진다는 사실을 깨닫는 것이 중요하다. 크게 되려면 성장이 필요하다. 그리고 큰 목표에 도달할 때쯤이면 당신도 이미 성장해 있을 것이다. 멀리에서는 오를 수 없는 높은 산처럼 보이던 것도 거기에 도달했을 땐 그저 작은 언덕처럼 보일 것이다. 적어도 당신의 커진 키에 상대적으로 비교하면 말이다. 당신의 생각, 기술, 인간관계, 무엇이 가능하고 그것을 성취하려면 무엇이 필요한지에 대한 생각, 이 모두가 커지기 위한 여정에서 다 같이 자라난다.

큰 것을 경험할수록 당신도 커진다.

성장의 사고방식이 가져온 세상의 혁명

스탠포드 대학교의 심리학자 캐롤 드웩 교수는 40년 넘는 시간 동안 우리의 자아상이 우리의 행동에 어떤 영향을 미치는지 연구했다. 그녀의 연구는 크게 생각하는 것이 왜 그리 중요한지에 대한 위대한 통찰을 제공한다.

어린이들을 대상으로 한 드웩의 연구는 하나의 행동에 담긴 두 가지의 사고방식을 보여 준다. 하나는 전반적으로 크게 생각하면서 성장을 추구하는 '성장'(growth)의 사고방식이고, 다른 하나는 인공적인 한계를 가하고 실패를 피하려 하는 '고정'(fixed)된 사고방식이다. 성장 위주의 사고방식을 갖춘 학생들은 고정된 사고방식의 학생들보다 더 나은 학습 전략을 쓰고, 무력감을 덜 느끼며, 더 긍정적인 노력을 기울이는 모습을 보였고, 학습 성적도 더 좋았다. 또한 자기 삶에 한계를 정하지 않고 잠재력을 최대한 발휘할 가능성이 높았다. 드웩은 사고방식이 변할 수 있다고 주장한다. 다른 어떤 습관과 마찬가지로 올바른 사고방식이 자리 잡을 때까지 사고의 방향을 바꿀 수 있다는 말이다.

스콧 포스톨이라는 사람의 이야기를 들려주고자 한다. 그는 새로운 팀에 필요한 인재들을 뽑는 자리에서 지원자들에게 이 일급기밀 프로젝트를 맡으면 "많은 실수를 저지르며 고생하겠지만 결과적으로 평생 기억에 남을 무언가를 하게 될 기회가 무궁무진할 것"이라고 말했다. 그는 회사 전반에 있는 인재들에게 이 알쏭달쏭한 말을 전했고, 이 도전에 즉각적으로 나선 사람들만 팀원으로 뽑았다. 나중에 그가 드웩의 책을 읽고 그녀에게 말한 것처럼 '성장의 사고방식'(growth-minded)을 가진 사람들을 찾고 있었던 것이다. 이 이야기가 왜 중요할까? 스콧 포스톨의 이름은 들어 본 적이 없다고 해도 그가 그렇게 소집한 팀이 내놓은 결과물을 모를 수는 없을 것이다. 포스톨은 애플의 수석 부사장이었고, 그가 뽑은 팀원들이 만든 것은 바로 아이폰이었다.

내 안의 거인을 깨우는 법

큰 것은 곧 위대함, 남다른 성과를 상징한다. 큰 삶을 추구하라. 그러면 당신이 살 수 있는 것 중 가장 위대한 삶을 추구하게 될 것이다. 위대하게 살려면 크게 생각해야 한다. 또한 당신의 삶과 당신이 이룬 것들이 위대해질 수 있다는 가능성에 마음을 열어야 한다. 성취와 풍요는 올바른 일을 하고 거기에 어떤 제약도 두지 않을 때 나타나는 자연스러운 성과물이다.

큰 일을 두려워하지 마라. 평범한 이류에 그치는 것을 두려워하라. 재능의 낭비를 두려워하라. 삶을 최대한으로 살지 못할 것을 두려워하라. 큰 일을 두려워하면 의식적으로나 무의식적으로 그것을 피하려고 애쓰게 된다. 그러면 미약한 결과물이나 사소한 기회를 향해 달려가거나 큰 것들로부터 도망치게 될 것이다. 작은 생각으로 삶까지 작게 쪼개지 마라. 크게 생각하고, 목표를 높게 잡고, 대담하게 행동하라. 그런 다음 삶을 얼마나 크게 만들 수 있을지 보라. 용기가 두려움을 느끼지 않는 것이 아니라 두려움을 넘어서는 것이라면, 크게 생각하는 것은 의구심을 느끼지 않는 것이 아니라 그것을 넘어서는 것이다. 크게 생각하고 크게 살아야만 자신의 삶과 일에서 진짜 잠재력을 경험할 수 있다.

1. 크게 생각하라. '다음번에는 무엇을 할까?'와 같은 점진적인 사고를 피하라. 그렇게 하면 잘해 봤자 성공으로 가는 느린 차선을 타게 되거나, 심하게는 아예 그 길에서 벗어나게 될 것이다. 더 큰 질문을 던져라. 어찌 해야 할지 모를 때는 어딜 가든 가능성을 두 배로 높여라. 당신의 목표가 10이라면, "20까지는 어떻게 도달할 수 있을까?"라고 물어라. 당신이 원하는 곳보다 훨씬 더 높은 목표를 잡아라. 그러면 당신의 본래 목표를 달성하고도 남는 계획을 갖게 될 것이다.

2. 메뉴판만 보고 주문하지 마라. 애플의 유명한 1997년 광고 '다르게 생각하라' (Think Different)에는 무하마드 알리, 밥 딜런, 아인슈타인, 알프레드 히치콕, 피카소, 간디 그리고 '사물을 다르게 본' 사람들과 우리가 아는 세상을 뒤바꿔 놓은 아이콘 같은 사람들이 등장한다. 여기에서 요점은 그들이 이미 쓸 수 있는 선택지를 바탕으로 자신의 길을 택하지 않았다는 것이다. 그들은 그전에 아무도 상상조차 하지 못한 결과물을 꿈꾸었다. 그들은 메뉴판을 무시하고 자기가 원하는 것을 주문했다. 그 광고가 우리에게 상기시키듯 "자신이 세상을 바꿀 수 있다고 믿을 정도로 미친 사람만이 그렇게 할 수 있다."

3. 대담하게 행동하라. 아무리 생각을 크게 해도 대담한 행동이 생각을 뒤따르지 않으면 어떤 결과도 이룰 수 없다. 큰 질문을 던진 다음에는 그에 대한 해답을 찾고 난 뒤 세상이 어떤 모습으로 바뀔지 한번 상상해 보라. 그래도 그 모습을 상상할 수 없다면 이미 그런 꿈을 이룬 적이 있는 사람들에 대해 알아보아라. 해답을 찾아낸 사람들은 어떤 모델과 시스템, 습관을 가지고 있었으며 다른 이들과의 관계는 어땠는가? 우리는 각자 다른 존재이긴 하지만 다른 이들에게 꾸준히 통하는 방법은 대부분 우리에게도 통하는 법이다.

4. 실패를 두려워하지 마라. 실패는 성공이라는 남다른 성과를 향해 가는 여정

의 일부다. 성장하는 사고방식을 갖고, 그 사고방식이 자신을 어떤 목적지로 데려다 줄지 겁내지 마라. 탁월한 성과는 성공을 통해서만 만들어지는 것이 아니다. 탁월한 성과는 실패를 통해서도 만들어진다. 아니, 실패를 통해 성공에 이를 수 있다고 말하는 것이 가장 정확할 것이다. 우리는 실패하면 멈추고, 성공을 위해 무엇을 할 필요가 있는지 묻고, 실수를 통해 배우고, 성장한다. 실패를 두려워하지 마라. 그것을 학습 과정의 일부라 여기고 자신의 진정한 잠재력을 끊임없이 찾아라.

세상을 해석할 때는 조심하라.
해석한 그대로 되기 때문이다.
– 에릭 헬러(영국의 작가)

제 **2** 부

진실

복잡한 세상에서 중심을 잃지 않는 법

성공한 사람 흉내 내기

오랫동안 나는 성공의 거짓말에 맞춰 사느라 너무나 힘들었다.

나는 모든 일은 똑같이 중요하다는 신념을 갖고 커리어를 시작했다. 그래서 모든 일을 다 해내려는 욕심에 한 번에 너무 많은 일을 시도하곤 했다. 일이 뜻대로 되지 않아 좌절했고, 내게 성공할 수 있는 능력이나 의지가 있는 건지에 대한 회의마저 들었다. 삶의 균형이 계속 깨지는 것을 보면서 더 좋은 삶을 살려고 애쓰는 것 자체가 불가능한 것은 아닌가 하는 생각도 들었다. 할 수 없는 것을 이루기 위해 계속 애만 쓰다 보면 결국 좌절하고 낙담할 뿐이 아닌가.

나는 그랬다.

어쨌든 나는 모든 일을 성공적으로 해내야 한다는 생각에 한층 더 노력하기 시작했다. 정말 이를 악물고, 주먹을 꽉 쥐고, 배에 힘을 주고, 의자에 엉덩이를 고정한 채로만 살아야 한다고 생각했다. 몸은 앞으로 기울이고, 숨은 멈추고, 바짝 긴장하여 온몸이 빳빳하게 굳은 채로 말이다. 그렇게 애를 쓰는 동안 그것이 집중력과 열정의 느낌이라고 믿었다. 결과적으로 그 방법은 어느 정도 효과가 있긴 했지만 동시에 나는 항상 병원 신세를 지는 사람이 되고 말았다.

누군가 성공하려면 성공한 사람처럼 말하고, 걷고, 심지어 그들처럼 차려입어야 한다고 했다. 그래서 나는 그대로 따랐다. 거기에 진짜 내 모습은 없었지만 나는 효과가 있는 것이라면 그 어떤 것이라도 따라 하려고 했기 때문에 그 말을 진지하게 받아들였다. 그러한 접근법도 효과가 있기는 했지만 시간이 얼마 흐르자 성공한 사람 '흉내 내기'에 아주 질려 버리고 말았다.

나는 해가 뜨기도 전에 일어나서, 다른 누구보다 일찍 하루를 시작하는 것이 옳다고 믿었다. 세상 모든 사람이 자고 있는 이른 새벽에 출근을 했고, 때로는 책상에서 새우잠을 자며 밤을 새기도 했다. 이렇게 힘겨운 싸움을 하는 내내 야심과 성취란 바로 이런 것일 거라고 스스로를 위안했다. 아침 7시 30분에 직원회의를 소집하고, 7시 31분에는 사무실 문을 잠가 1분이라도 지각한 사람은 들어오지도 못하게 한 적도 있었다. 좀 심하다 싶었지만 그것이 성공할 수 있는 유일한 길이자 남들도 함께 성공하게 만들 유일한 방법이라고 믿었다. 이러한 방법 역시 효과가 있기는 했지만 결국에는 스스로를 너무 몰아붙이고 내 주위에 있는 다른 사람들을 떠나가도록 만들었다.

그렇게 해서 나는 무엇을 얻었는가? 성공을 얻긴 했지만 동시에 병도 얻었다. 그리고 결국 내 곁에는 지친 일상만이 남게 되었다.

그 상황에 처해서야 나는 특별한 결단이 필요하다는 걸 깨달았다. 나는 잘못된 믿음을 버리고 정반대의 길로 가기로 했다. 성공에 지나치게 집착하는 사람들을 위한 모임인 '오버어치버스 어나니머스' (overachievers anonymous)에 가입하고, 성공을 가져다준다는 모든 성공 '전술'과는 정반대의 행동을 시작했다.

가장 먼저, 긴장을 풀었다. 내 몸에 귀를 기울이고, 속도를 늦추고, 마음을 느긋하게 먹었다. 티셔츠와 청바지를 입고 출근하면서 내 복장에 대해 한 마디라도 하는 사람이 있으면 도리어 뭐라고 말을 했다. 성공하는 사람들이 쓰는 말투와 태도를 버리고 본래의 나 자신으로 돌아 갔다. 가족들과 함께 아침 식사를 했다. 신체적으로나 정신적으로 건강을 되찾았고 그 상태를 유지했다.

그리고 마지막으로 일을 적게 하기 시작했다. 그렇다, 적게 말이다. 의도적으로, 의식적으로 일을 줄였다. 평생을 통틀어 그 어느 때보다도 헐거워졌고, 느긋해졌다. 그러자 제대로 숨을 쉴 수 있게 되었다. 성공하기 위해 반드시 지켜야 할 규칙이라는 것들에 반대로 도전했더니 내 삶은 어떻게 되었을까? 나는 꿈꾸었던 것보다도 훨씬 큰 성공을 거두었다. 그리고 살면서 지금처럼 행복감을 느낀 적이 없었다.

내가 알아낸 것은 이렇다. 우리는 지나치게 생각을 많이 하고, 지나치게 과도한 계획을 세우고, 지나치게 커리어와 사업, 삶을 분석하려든다. 야근은 바람직하지도, 건전하지도 않다. 그리고 우리는 우리가 하는 일 때문에 성공하는 것이 아니라 그런 모든 일들을 다 함에도 '불구하고' 성공하는 것이다. 시간을 관리하는 건 불가능하고, 성공의 열쇠는 우리가 하는 모든 일이 아니라 우리가 잘하는 핵심적인 몇 가지의 일에 달려 있다.

내가 배운 성공의 핵심은 이렇다. 삶의 매순간마다 가장 적합한 행동을 하는 것이다. 떳떳하게 "여기가 지금 내가 있어야 할 곳이고, 나는 내가 이 순간에 해야 할 일을 하고 있다."라고 말할 수 있다면 당신의 삶 속에 숨어 있는 모든 훌륭한 가능성들이 현실이 될 것이다.

그리고 무엇보다도 나는 '단 하나'(The one thing)가 탁월한 성과 뒤에 숨겨진 놀랍고도 단순한 진실이라는 것을 알게 되었다.

10

미래의 크기를 바꾸는
초점탐색 질문

그 모든 '하려고 했어'와 '할 수 있었어'와 '했어야 했어'들은
창피한 듯 달아나 '했어'로부터 몸을 숨겼다.
— 쉘 실버스타인(아동 문학가)

1885년 6월 23일, 펜실베이니아 피츠버그에서 앤드루 카네기가 컬리
상업 전문대학의 학생들 앞에 섰다. 사업적으로 최전성기였던 카네기
철강회사는 당시 세계에서 가장 크고 가장 높은 수익을 올리는 기업이
었다. 훗날 카네기는 존 록펠러 다음으로 역사상 두 번째로 부유한 사
람이 된다. '사업적 성공으로 가는 길'이라는 제목이 붙었던 이 연설에
서 카네기는 성공적인 사업가로서의 자신의 삶에 대해 이야기하면서
학생들에게 다음과 같이 조언했다.

여기 성공의 기본 조건이자 위대한 비밀이 있습니다. 그것은 바로 여러분의 에너지와 생각, 돈을 현재 하고 있는 일 하나에만 집중하는 것입니다. 하나의 제품이나 서비스로 일을 시작했다면 그 분야에서 끝장을 보겠다는 마음으로 최고가 되어야 합니다. 최신 기술을 받아들이고, 최고의 장비를 갖추고, 그 분야에 대해 가장 많이 알아야 합니다. 지나치게 많은 분야에 돈과 노력을 투입하면 반드시 실패합니다. 많은 사람들은 여기, 저기, 또 여기, 저기 불필요한 많은 곳에 투자를 합니다. "달걀을 한 바구니에 담지 마라."라는 말은 틀렸습니다. 나는 이렇게 말하고 싶습니다. "달걀을 모두 한 바구니에 담고 그 바구니를 잘 지켜라."라고 말이지요. 주의를 기울이며 주변을 둘러보십시오. 단 하나에 집중하는 사람은 자주 실패하지 않습니다. 바구니 하나를 잘 지켜보며 들고 다니는 것은 쉽습니다. 이 나라에서 달걀을 가장 많이 깨뜨리는 사람은 하나의 바구니를 들고 있는 사람이 아니라, 너무 많은 바구니를 들고 있는 사람입니다.

자, 그렇다면 대체 어떤 바구니를 골라야 하는가? 여기서 바로 초점 탐색 질문(focusing question)이 필요하다.

소설가 마크 트웨인도 카네기의 의견에 동의하면서 다음과 같이 말했다.

앞서 가는 비밀은 시작하는 것이다. 시작하는 비결은 복잡하고 어려운 일들을 관리하기 쉬운 작은 조각들로 나눈 다음, 가장 첫 번째 조각에 덤벼드는 것이다.

그렇다면 그 첫 번째 조각이 어떤 것인지는 어떻게 아는가? 이때 또 한 번 초점탐색 질문을 던져야 한다.

이 두 명의 위인들이 자신의 조언을 '비밀'로 지칭했다는 것을 눈치 챘는가? 모두가 아는 뻔한 사실이라도 거기에 특별한 중요성이 들어가 면 '비밀'이 될 수 있다. 대부분의 사람들이 '천리길도 한 걸음부터'라는 속담을 알고 있지만 한 걸음을 내딛었던 모든 사람들이 자신의 목표를 달성한 것은 아니다. 엉뚱한 곳으로 발을 내딛으면 본래 가고 싶었던 곳에서 훨씬 더 먼 곳으로 가게 될 수도 있다. 초점탐색 질문은 당신이 내딛게 될 한 걸음이 잘못된 길로 들어서지 않도록 도와줄 것이다.

인생은 질문이다

이런 생각이 들지도 모른다. '우리가 진정으로 원하는 것은 답인데 왜 질문에 집중해야 하는가?' 이유는 간단하다. 답은 질문에서 나오고, 답 의 질(quality)은 질문의 질과 직접적으로 연관되어 있기 때문이다. 잘 못된 질문을 하면 잘못된 답을 얻고, 올바른 질문을 하면 올바른 답을 얻는다. 최대한 효과적인 질문을 던져라. 그것을 통해 얻은 답은 당신의 인생을 바꿔 놓을 것이다.

철학자 볼테르는 이렇게 말했다. "사람을 대답이 아닌 질문으로 판단하라." 역시 철학자인 프랜시스 베이컨은 이렇게 보탰다. "신중한 질문은 지혜의 절반을 차지한다." 인도 최초의 여성 총리 인디라 간디는 "질문할 수 있는 힘은 인류 진보의 첫 걸음이다."라고 했다. 훌륭한 질문은 분명 훌륭한 답을 얻을 수 있는 가장 빠른 길이다. 탐험가나 발명가들도 모두 세상을 바꿀 질문들로 자신의 탐구를 시작했다. 과학자들은 가설이라는 형태로 우주에 대한 질문을 던진다. 질문을 통해 학생들을 가르치는 소크라테스의 문답법은 만들어진 지 2000년이 넘었지만 여전히 동네 유치원부터 하버드 법학 대학원에 이르기까지 수많은 교육기관에서 사용되고 있다. 질문을 하면 우리의 비판적 사고가 가동된다. 연구에 따르면 질문을 할 때는 하지 않을 때보다 학습 효과와 성과가 최대 150퍼센트까지 향상된다고 한다. 결론적으로 "때로는 질문이 답변보다 더 중요하다."라고 한 작가 낸시 윌러드의 말은 옳다고 볼 수 있다.

나는 청년 시절에 처음으로 질문의 힘을 경험했다. 당시 어떤 시를 읽고 큰 감동을 받았고, 지금까지 그 시를 아끼고 늘 지니고 다닌다. 여기서 잠깐 그 시를 소개하고자 한다.

나의 임금(My Wage) – 제시 리텐하우스

1페니를 두고 삶과 흥정을 벌였다.
삶은 내게 더 이상 아무것도 주려 하지 않았다.
얼마 없는 돈을 세어 보며
매일 저녁 아무리 빌어도 소용없었다.

삶은 그저 고용주일 뿐이라
우리가 요청한 것만 줄 뿐이다.
하지만 일단 받을 돈을 정해 놓고 나면
힘들어도 할 일은 해내야 한다.

나는 보잘것없는 임시직일 뿐이었다.
알게 되자 절망할 수밖에 없었다.
삶에게 얼마나 많은 돈을 요구하든
삶은 기꺼이 내주게 되어 있거늘.

　마지막 두 구절은 되풀이해 읽을 가치가 있다. "삶에게 얼마나 많은 돈을 요구하든, 삶은 기꺼이 내주게 되어 있거늘." 삶은 곧 질문이고 그것을 살아내는 방식이 곧 우리의 해답이라는 것을 깨달은 순간이야말로 내 인생에서 가장 큰 힘을 얻은 순간이었다.

스스로에게 던지는 질문이 무엇이냐에 따라 궁극적으로 우리의 삶이 되는 해답이 정해진다.

문제는 그 질문이 뚜렷하지 않을 때가 많다는 점이다. 우리가 원하는 것에는 대부분 로드맵 같은 것들이 없어서 올바른 질문을 만들기가 어려울 수 있다. 명확한 시각은 우리 자신으로부터 나와야 한다. 여정을 직접 계획하고, 지도를 만들고, 우리만의 나침반을 만들어야 한다. 원하는 해답을 찾으려면 올바른 질문을 스스로 만들어 내야 한다. 그리고 그것은 온전히 우리의 몫이고, 그 누구도 대신해 줄 수 없는 일이다. 그렇다면 어떻게 해야 하는가? 어떻게 특별한 해답으로 인도해 줄 특별한 질문을 만들 수 있는가?

하나의 질문을 던지면 된다. 바로 초점탐색 질문이다.

남다른 삶을 꿈꾼다면 인생을 살아갈 남다른 방식을 찾는 것이 곧 해답이다. 초점탐색 질문이야말로 바로 그것을 위한 특별한 접근법이다. 누구 하나 내게 지시를 내려 주지 않는 세상에서, 이 질문은 남다른 성과로 이어질 특별한 해답을 찾는 간단한 공식이 될 것이다.

당신이 할 수 있는 단 하나의 일,
그것을 함으로써
다른 모든 일들을 쉽게 혹은 필요 없게 만들
바로 그 일은 무엇인가?

그림 15 | 초점탐색 질문은 큰 그림의 지도이자 작은 초점의 나침반이다.

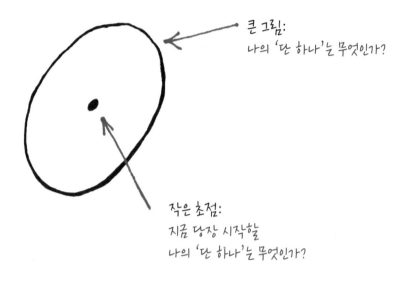

큰 그림:
나의 '단 하나'는 무엇인가?

작은 초점:
지금 당장 시작할
나의 '단 하나'는 무엇인가?

초점탐색 질문은 너무나 간단해서 유심히 관찰해 본 적 없는 사람이라면 이 질문의 강력함을 발견하지 못할 수도 있다. 하지만 당신은 그런 치명적인 실수를 저지르지 않길 바란다. 초점탐색 질문은 '큰 그림' (Big Picture) 질문(내가 어디로 가고 있는가? 나는 어떤 목표물을 겨냥해야 하는가?) 말고도 '작은 초점'(Small Focus) 질문(큰 그림을 완성하는 길에 지금 당장 무엇을 해야 하는가?)에 답할 수 있게 도와준다. 또한 어떤 바구니를 골라야 할지와 그것을 손에 넣기 위해 첫 걸음을 어떻게 내딛어야 하는지도 알려 준다. 그리고 자신의 삶이 얼마나 커질 수 있는지, 그것을 이루기 위해 얼마나 깊이 파고들어야 하는지도 보여 준다. 초점탐색 질문은 큰 그림을 위한 지도인 동시에 다음으로 나아가기 위한 작은 나침반이기도 한 것이다.

위대한 성과는 우연히 나타나지 않는다. 성과는 우리가 내리는 선택과 우리가 취하는 행동에서 나올 뿐이다. 초점탐색 질문은 성공에 반드시 필요한 일, 즉 의사결정을 하게 만듦으로써 선택과 행동에서 모두 최선의 결과를 이끌어 낸다. 일반적인 의사결정이 아닌 최고의 의사결정을 말이다. '실행 가능한 것' 따위는 과감하게 무시하고 반드시 필요한 것, 중요한 것에 초점을 맞추게 해준다.

길게 늘어선 도미노 줄에서 반드시 넘어뜨려야 할 첫 번째 도미노로 당신을 이끄는 것이다.

최고의 날, 달, 해, 혹은 커리어로 가는 길에서 벗어나지 않으려면 초점탐색 질문을 끊임없이 던져라. 그리고 그것을 묻고 또 물어라. 그러면 우선순위에 따라 해야 할 일들을 정리할 수 있고 이후에 같은 질문을 할 때마다 다음의 우선순위를 보게 된다. 이 접근법은 하나의 일을 끝내고 나서 그것을 바탕으로 다음의 일을 완수할 수 있게 도와주는 장점이 있다. 올바른 과업을 먼저 완수하면 올바른 사고방식과 올바른 기술, 올바른 인간관계를 먼저 가질 수 있게 된다. 또한 당신의 행동은 초점탐색 질문의 힘을 받아 이전의 완성된 일 위에 또 다른 완성된 일을 쌓는, 자연스러운 진보의 과정을 겪게 된다. 즉, 엄청난 파급력을 갖는 도미노가 세워지는 것이다.

질문의 구조

초점탐색 질문은 다음의 세 파트로 나뉜다.

1. "당신이 할 수 있는 단 하나의 일"
2. "그 일을 함으로써"
3. "다른 모든 일들을 쉽게 혹은 필요 없게 만들"(바로 그 일은 무엇인가?)

각각의 파트에서 고민해야 할 지점이 무엇인지 생각해 보자.

Part 1. "당신이 할 수 있는 단 하나의 일······."

파트 1에서는 초점을 맞춘 행동에 불을 지핀다. 이 물음을 통해 우리는 단 하나를 찾아야 함을 알 수 있다. 이 질문은 당신이 구체적인 무언가를 찾아 나갈 수 있도록 돕는다. 또한 다른 여러 선택지들을 고민하고 있다 하더라도 둘이나 그 이상을 얻을 수는 없기 때문에 오직 단 하나만을 받아들여야 함을 상기시킨다.

'당신이 할 수 있는'이라는 표현은 당신에게 가능한 행동을 취하라고 지시하는 명령문과 같다. 사람들은 종종 이 부분을 '해야 하는'이나 '할 생각이 있는' 등으로 바꾸고 싶어 한다. 초점을 잃어버렸기 때문이다. 세상에는 우리가 해야 하거나 할 생각은 있지만 절대 하지 않는 일들이 너무나 많다. 의도가 어쨌든 결과물은 언제나 당신이 '할 수 있는' 일에서 나온다.

Part 2. "그 일을 함으로써……."

파트 2에서는 당신이 반드시 지켜야 할 기준이 있음을 알려 준다. 그 기준은 '단순히' 어떤 일을 하는 것과 구체적인 '목적의식'을 가지고 그 일을 하는 것을 이어 주는 다리 역할을 한다. '그것을 함으로써'는 이 단하나의 일이 한 번으로 그치지 않고 다른 어떤 일을 일어나게 만든다는 의미를 담고 있다.

Part 3. "다른 모든 일들을 쉽게 혹은 필요 없게 만들……."

아르키메데스는 이렇게 말했다. "내게 충분히 긴 지렛대를 준다면 지구도 움직일 수 있다." 바로 이 부분이 당신에게 하고 싶은 말이다. '다른 모든 일들을 쉽게 혹은 필요 없게 만들'은 궁극의 지렛대와 같다. 단 하나의 일을 하면 목표 달성을 위해 할 수 있는 다른 모든 일들을 이제부터 노력을 덜 들이고도 할 수 있거나 더 이상 하지 않아도 된다. 대부분의 사람들은 단 하나의 올바른 일을 해내면 얼마나 많은 일들을 할 필요가 없게 되는지 잘 이해하지 못한다. 경주마처럼 옆을 볼 수 없게 눈을 가리고, 인생에서 복잡한 다른 것들을 싹 정리하라. 중요한 일에만 집중하고 초점을 흐트러뜨리는 다른 일들을 피하면 인생을 송두리째 변화시킬 가능성이 더 커진다.

초점탐색 질문은 첫 번째 도미노를 찾아서 그것을 넘어뜨릴 때까지 거기에만 초점을 맞출 것을 요구한다. 일단 첫 번째 도미노를 쓰러뜨린 다면, 그 뒤로 줄줄이 넘어질 준비가 되어 있는 도미노나 혹은 이미 쓰러져 있는 긴 도미노를 발견하게 될 것이다.

THE ONE THING
핵심 개념

1. 훌륭한 질문은 곧 훌륭한 답이다. 초점탐색 질문은 훌륭한 답을 찾도록 고안된 훌륭한 질문이다. 당신의 커리어, 사업 혹은 탁월한 성과를 내고 싶어 하는 다른 어떤 분야에서든 첫 번째 도미노를 찾도록 도와줄 것이다.

2. 초점탐색 질문은 두 가지 역할을 한다. 큰 그림과 작은 초점을 가질 수 있도록 한다. 큰 그림은 인생에서 올바른 방향을 찾는 데 필요하고, 작은 초점은 그 방향으로 나아가기 위한 올바른 행동을 찾는 데 필요하다.

3. 큰 그림 질문: "나의 단 하나는 무엇인가?" 이 질문은 당신의 인생에 있어 전략적 나침반과 같다. 또한 무엇을 완전히 배우고 싶은지, 무엇을 다른 사람들에게 전하고 싶은지, 그리고 나중에 어떻게 기억되고 싶은지 생각할 때에도 도움이 된다. 이것은 친구, 가족, 동료들과의 관계를 유지시켜 주고 매일 하는 활동이 목표에서 벗어나지 않도록 한다.

4. 작은 초점 질문: "지금 당장 해야 할 단 하나의 일은 무엇인가?" 아침에 일어났을 때, 그리고 하루 일과 내내 이 질문을 사용하라. 가장 중요한 일에 집중할 수 있게 도와줄 것이다. 필요할 때마다 스스로에게 이 질문을 던진다면 해야 할 일에서 첫 번째 도미노를 찾는 데 큰 도움이 될 것이다. 작은 초점 질문은 당신이 가장 생산적인 한 주를 보낼 수 있게 돕는다. 당신의 삶에서 가장 중요한 사람들은 물론이고, 가장 중요하고 긴박한 욕구들에도 주의를 기울일 수 있게 한다.

11

도미노를 세워라

성공은 간단하다. 옳은 일을 옳은 방식으로, 옳은 타이밍에 하면 된다.
— 아널드 글라소(미국의 재담가)

•

습관이 무엇인지는 다들 알고 있다. 습관은 고치기도, 새로 만들기도 힘들다. 하지만 우리는 자신도 모르는 사이에 항상 새로운 습관들을 만들어 내고 있다. 이전과는 다른 행동 방식을 시작하고 그것을 오랜 기간에 걸쳐 유지할 때 비로소 새로운 습관이 생긴다. 이때 우리가 마주하는 선택은 삶에서 원하는 것을 가져다줄 습관을 만드느냐 그러지 않느냐이다. 그런 습관을 원한다면 초점탐색 질문이야말로 우리가 가질 수 있는 가장 강력한 성공 습관이라 할 수 있다.

내게 있어 초점탐색 질문은 삶의 방식과도 같다. 나는 가장 중요한

그림 16 | 삶과 그 안에서 가장 중요한 분야들

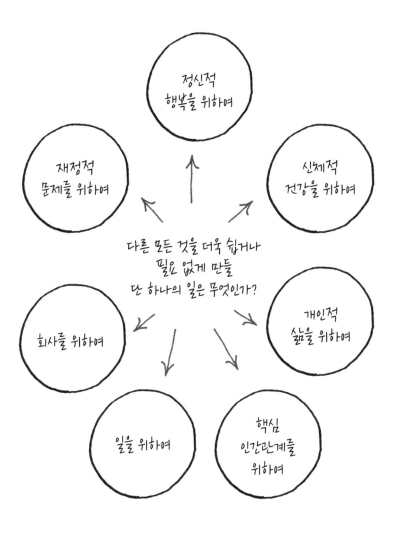

정신적
행복을 위하여

재정적
문제를 위하여

신체적
건강을 위하여

다른 모든 것을 더욱 쉽거나
필요 없게 만들
단 하나의 일은 무엇인가?

회사를 위하여

개인적
삶을 위하여

일을 위하여

핵심
인간관계를
위하여

우선순위 업무를 찾을 때, 내게 주어진 시간을 최대로 활용할 때, 그리고 투자 금액 대비 가장 큰 효과를 얻어야 할 때 초점탐색 질문을 사용한다. 결과물이 절대적으로 중요한 순간이면 언제나 그 질문을 던진다. 아침에 잠에서 깨어 새로운 하루를 시작할 때도 그 질문을 쓴다. 일터에 도착할 때, 그리고 다시 집에 도착할 때도 그 질문을 던진다. 다른 모든 일들을 쉬워지게 하거나 필요 없게 만들 그 단 하나의 일이 무엇인가? 그 질문에 답을 찾고 나면, 여러 도미노 조각이 제대로 줄 지어 서 있음을 확인할 때까지 계속해서 같은 질문을 던진다.

초점탐색 질문은 삶의 서로 다른 여러 분야에서 자신만의 단 하나를 찾도록 도와준다. 초점을 맞추고 싶은 분야를 집어넣어 초점탐색 질문을 달리 표현하기만 하면 된다. 정신적 행복, 신체적 건강, 개인적 생활, 핵심 인간관계, 일, 회사, 재정적 문제 등에 대해 말이다. 그리고 질문을 던질 때도 바로 그 순서대로, 바로 앞의 것이 그다음 것의 기반이 되도록 한다. 또한 '지금 당장'이나 '올해' 같은 표현을 넣어 시기를 정해주면 적당한 수준의 긴장감을 부여할 수도 있다. '5년 내에'나 '최종적으로' 같은 단어를 써서 장기적으로 목표로 안내할 큰 그림을 찾을 수도 있다.

여기, 자기 자신에게 던질 수 있는 몇 가지 초점탐색 질문이 있다. 해당 분야를 먼저 말하고 그다음 질문을 만든 뒤 시기를 덧붙인다. 마지막으로 '그것을 함으로써 다른 모든 일을 쉽게 혹은 필요 없게 만들'을 붙여 보자. 예를 들어 "이번 주 목표 달성을 위하여 나의 다른 모든 일을 더 쉽게 혹은 필요 없게 만들어 줄 단 하나의 일은 무엇인가?" 같이 말이다.

정신적 행복을 위하여,

- 다른 이들을 돕기 위해 할 수 있는 단 하나의 일은 무엇인가?
- 신앙생활을 더 충실히 할 수 있는 단 하나의 일은 무엇인가?

신체적 건강을 위하여,

- 다이어트를 위해 할 수 있는 단 하나의 일은 무엇인가?
- 운동을 꾸준히 하기 위해 할 수 있는 단 하나의 일은 무엇인가?
- 스트레스를 해소하기 위해 할 수 있는 단 하나의 일은 무엇인가?

개인적 삶을 위하여,

- 능력을 향상시키기 위해 할 수 있는 단 하나는 무엇인가?
- 나를 위한 시간을 만들기 위해 할 수 있는 단 하나는 무엇인가?

핵심 인간관계를 위하여,

- 배우자/연인과 관계를 개선하기 위해 할 수 있는 단 하나의 일은 무엇인가?
- 자녀의 학교 성적을 높이기 위해 할 수 있는 단 하나의 일은 무엇인가?
- 부모님께 감사의 마음을 전하기 위해 할 수 있는 단 하나의 일은 무

엇인가?

- 가정을 더욱 화목하게 만들기 위해 할 수 있는 단 하나의 일은 무엇인가?

일을 위하여,

- 목표 달성을 위해 할 수 있는 단 하나의 일은 무엇인가?
- 직업적 기술 향상을 위해 할 수 있는 단 하나의 일은 무엇인가?
- 우리 팀의 성공을 위해 할 수 있는 단 하나의 일은 무엇인가?
- 커리어를 더욱 발전시키기 위해 할 수 있는 단 하나의 일은 무엇인가?

회사를 위하여,

- 우리 회사의 경쟁력을 더욱 높이기 위해 할 수 있는 단 하나의 일은 무엇인가?
- 우리 회사의 제품을 최고로 만들기 위해 할 수 있는 단 하나의 일은 무엇인가?
- 수익을 더욱 높이기 위해 할 수 있는 단 하나의 일은 무엇인가?
- 고객 경험을 개선하기 위해 할 수 있는 단 하나의 일은 무엇인가?

재정적 문제를 위하여,

- 나의 자산 가치를 높이기 위해 할 수 있는 단 하나의 일은 무엇인가?

- 나의 현금 흐름을 개선하기 위해 할 수 있는 단 하나의 일은 무엇인가?
- 신용카드 지출을 줄이기 위해 할 수 있는 단 하나의 일은 무엇인가?

자, 그렇다면 이 '단 하나'의 개념을 일상생활의 일부로 만들려면 어떻게 해야 하는가? 일터나 삶의 다른 분야에서 탁월한 성과를 얻을 수 있도록 단 하나의 개념을 더욱 강력하게 만드는 방법에는 무엇이 있는가? 우리의 경험 그리고 다른 이들과의 협력을 통해 알게 된 몇 가지 지혜를 여기에 정리한다.

1. 이해하고 믿어라. 첫 번째 단계는 '단 하나'의 개념을 이해하는 것이고, 그 다음은 그것이 우리 삶에서 큰 차이를 만들어 낼 수 있다고 믿는 것이다. 이해하고 믿지 못하면 행동으로 이어질 수 없다.

2. 개념을 이용하라. "오늘 (자신이 원하는 것을 위해) 다른 모든 것을 더욱 쉽거나 불필요하게 만들어 줄 단 하나의 일은 무엇인가?"라는 질문으로 하루를 시작하라. 그렇게 하면 무엇을 해야 할지 방향이 명확해진다.

3. 습관으로 만들어라. 초점탐색 질문을 습관처럼 던지면 자신이 원하는 탁월한 성과를 얻기 위해 질문의 힘을 온전히 이용할 수 있게 된다. 이것이 바로 차이를 만들어 낸다.

4. 잊지 않게 메모하라. 초점탐색 질문을 잊지 않도록 스스로에게 상기시켜라. 가장 좋은 방법은 "나의 단 하나가 끝나기 전까지 다른 모든 일들은 다 필요 없다."라고 책상 앞에 붙여 두는 것이다. 그것이 성공 습관과 당신이 원하는 결과를 이어 주는 다리가 되도록 하라.

5. 도움을 받아라. 연구에 따르면 주변에 있는 사람들이 자신에게 지대한 영향을 미칠 수 있다. 동료 몇 명과 함께 성공 그룹을 만드는 것도 매일 습관을 연습하는 데 큰 도움이 된다. 가족들에게도 도움을 받아라. 자신의 '단 하나'가 무엇인지 공유하고 함께하라.

STOP
EVERYTHING.
DO
ONE THING.

12

삶의 해답으로 가는 길

사람은 자신의 미래를 결정짓지 못한다.
대신 습관을 만들면 그 습관이 미래를 대신 정해 준다.
— 프레드릭 알렉산더(자기계발 전문가)

초점탐색 질문은 어떤 상황에서든 자신의 '단 하나'를 찾아내는 데 도움을 준다. 그것은 삶 전반에 걸쳐 자신이 무엇을 원하는지 뚜렷이 보여 주고, 그것을 얻기 위해 무엇을 해야 하는지 더욱 자세히 알려 준다. 생각해 보면 꽤 단순한 과정이다. 큰 질문을 먼저 던지고, 그 다음으로 큰 해답을 찾는다. 이처럼 단순한 두 단계가 결과적으로 성공 습관을 가져다준다.

그림 17 | 남다른 성과를 위한 당신의 원투 펀치

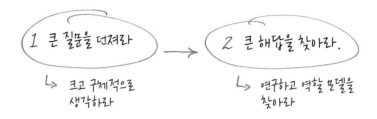

큰 질문을 던져라

초점탐색 질문은 큰 질문을 던지는 데 도움을 준다. 큰 목표와 마찬가지로 큰 질문은 크면서도 구체적이다. 이런 질문은 크고 구체적인 답변을 내놓으라고 당신을 압박하고, 자극하고, 격려한다. 또한 측정 가능하게 설계되므로 최종 결과물이 크게 바뀌지도 않는다.

'큰 질문' 매트릭스(그림 18)를 보고 초점탐색 질문의 힘을 확인해 보자.

매출 증대라는 목표가 있다. 원을 사분면을 나누고, 1사분면인 '크고 구체적임'(Big & Specific) 칸에 "향후 6개월간 매출을 두 배로 높이려면 어떻게 해야 하는가?"를 넣어 보자. (그림 19 참조)

지금부터는 각 사분면의 장단점을 알아볼 것이다.

그림 18 | 큰 질문 설계를 위한 네 가지 선택지

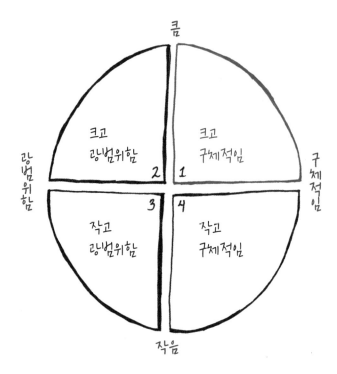

4사분면. 작고 구체적임(Small & Specific): "올해 안으로 매출을 5퍼센트 높이려면 어떻게 해야 하는가?" 구체적인 방향을 제시하는 질문이긴 하지만 도전적인 과제를 주는 것은 아니다. 대부분의 영업사원에게 5퍼센트의 매출 증대는 스스로의 능력에 의한 것이라기보다는 시장 변화에 따라 쉽게 일어날 수 있는 수준이기 때문이다. 아무리 좋게 보아도 점진적인 수익이지, 인생을 바꿀 만한 전진은 아니다. 낮은 목표는

그림 19 | 큰 질문 설계를 위한 네 가지 선택지의 예시

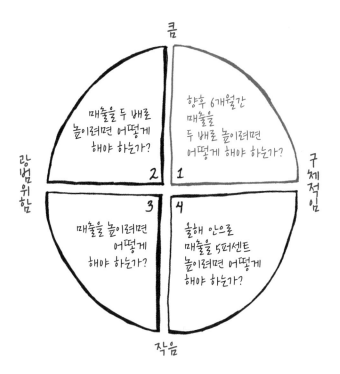

대단한 행동의 변화를 요구하지 않는다. 그래서 남다른 성과로 이어지는 경우도 드물다.

3사분면. 작고 광범위함(Small & Broad): "매출을 높이려면 어떻게 해야 하는가?" 이것은 엄밀히 말해 성과를 위한 질문이 아니다. 차라리 브레인스토밍을 위한 질문에 가깝다고 할 수 있다. 선택지들을 나열하는 데는 좋지만 그 선택지를 좁히고 파고들려면 더 구체적인 내용이 필

요하다. 매출을 얼마나 높일 것인가? 그리고 언제까지? 그런데 안타깝게도 대부분의 사람들은 이런 브레인스토밍에 가까운 질문을 던지고는 왜 남다른 성과가 나오지 않는지 의아해한다.

2사분면. 크고 광범위함(Big & Broad): "매출을 두 배로 높이려면 어떻게 해야 하는가?" 이 질문은 크긴 하지만 구체적인 내용이 없다. 출발점이 좋아도 구체성이 떨어지면 더 많은 의문을 남긴다. 향후 20년 동안 매출을 두 배로 높이는 일과 1년 혹은 그보다 단기간 안에 매출을 두 배로 높이는 일은 완전히 다른 일이다. 이 질문은 모호한 부분이 너무 많고 구체적이지 않아서 어디에서부터 시작해야 할지 알 수 없게 한다.

1사분면. 크고 구체적임(Big & Specific): "향후 6개월간 매출을 두 배로 높이려면 어떻게 해야 하는가?" 이제 큰 질문의 모든 요소를 갖추었다. 목표는 큰 동시에 구체적이다. 매출을 두 배로 높이는 것은 그리 수월하지 않다. 또한 6개월이라는 구체적인 일정이 정해져 있어 도전할 가치가 있는 과제가 될 것이다. 여기에는 큰 해답이 필요하다. 스스로 생각하는 한계를 더욱 넓히고, 기존에 가지고 있던 해결책 이상의 것을 살펴야 할 것이다.

이제 차이를 알겠는가? 큰 질문을 던지는 것은 본질적으로 큰 목표를 추구하는 것과 같다. 그리고 그렇게 할 때마다 같은 패턴, 즉 크고 구체적인 것을 보게 될 것이다. 크고 구체적인 질문은 크고 구체적인 해답으로 이어진다. 이는 다시 큰 목표를 달성하는 것으로 이어진다.

"향후 6개월간 매출을 두 배로 높이려면 어떻게 해야 하는가?"가 큰 질문이라면 그것을 더욱 강력하게 만드는 방법으로는 무엇이 있겠는가? 바로 큰 질문을 초점탐색 질문으로 바꾸는 것이다. "향후 6개월간 매출을 두 배로 높이기 위해 다른 모든 것들을 더욱 쉬워지게 하거나 필요 없게 만들 단 하나의 일은 무엇인가?"라고 물어라. 큰 질문을 초점탐색 질문으로 바꾸면 가장 중요한 일이 무엇인지 알 수 있게 된다. 기억하라. 큰 질문이 없다면 큰 성공도 없다.

큰 해답을 찾아라

큰 질문을 던질 때는 어려움이 생긴다. 바로 큰 질문을 던지면 큰 해답을 찾아야 하는 또 다른 도전 과제가 생긴다는 점이다.

이렇게 얻은 해답은 세 개의 범주로 나뉜다. '당장 할 수 있는 것'(doable), '최대한 힘을 발휘해야 하는 것'(stretch), 그리고 '가능성이 있는 것'(possibility)이다. 이 중에서 가장 쉽게 찾을 수 있는 것은 '당장 할 수 있는 것'으로 현재 자신의 지식이나 기술, 경험의 한계 안에 있다. 이런 해답은 당신이 어떻게 해야 하는지 이미 알고 있는 것이며 그것을 얻기 위해 그리 큰 변화를 꾀할 필요도 없다. 그래서 성취 가능성도 가장 높은 편이다.

다음 단계는 '최대한 힘을 발휘해야 하는 것'이다. 이 해답은 당신이

그림 20 | 성공 습관은 가능성을 연다.

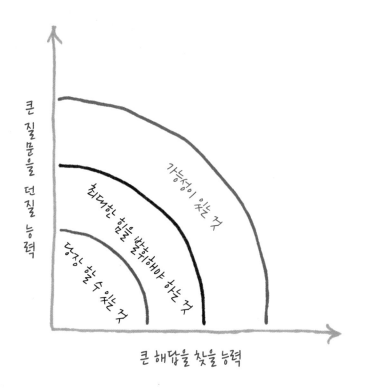

닿을 수 있는 범위 안에서 가장 먼 곳에 있다. 이 답을 찾기 위해서는 다른 이들이 이전에 어떤 식으로 해답을 얻었는지 연구하고 조사할 필요가 있다. '최대한 힘을 발휘해야 하는 것'은 현재 자신이 가진 능력의 한계까지 스스로를 몰아붙여야 하기 때문에 찾는 것이 그리 쉽지 않다. 하지만 노력 여하에 따라 잠재적으로 성취가 가능한 부분이다.

그런데 높은 성과를 올리는 사람들은 처음의 이 두 가지 단계를 간파

하고 일찌감치 거부해 버린다. 평범한 성과에 안주할 생각이 없는 사람들은 처음부터 큰 질문을 던지고 가장 최고의 답변을 찾아 나선다.

탁월한 성과는 큰 해답을 필요로 한다.

크게 성공하는 사람들은 가장 바깥쪽에 있는 성취의 범위를 선택한다. 그들은 손을 뻗으면 닿는 곳 너머에 있는 것을 꿈꾸고 또 깊이 갈망한다. 그들 역시 그런 유형의 해답을 얻는 것이 아주 힘들다는 사실을 잘 알지만, 동시에 그것을 찾기 위해 팔을 뻗으면 스스로 더 크게 성장하면서 자신의 삶 또한 더욱 풍요롭게 만들 수 있음을 안다.

해답으로부터 최대한 많은 것을 얻고 싶다면 그것이 당신의 컴포트 존(comfort zone, 스스로 편안하다고 느끼는 범위―옮긴이) 바깥에 있음을 먼저 깨달아야 한다. 거기에는 산소도 부족하다. 큰 해답은 훤히 보이는 곳에 있지도 않고, 그것을 찾으러 가는 길 역시 험난하다. '가능성이 있는 것'은 이미 알려진 것과 이미 행해진 것 너머에 있다.

큰 해답은 본질적으로 새로운 해답을 의미한다. 현재 나온 모든 해답들을 건너뛰고 기존에는 없었던 놀라운 해답을 찾는 것이다. 이를 위해 가장 먼저 던져야 할 질문은 '최대한 힘을 발휘할 때' 쓰는 접근법과 같다. 즉, "지금까지 누군가가 이것 혹은 이와 비슷한 것을 연구하거나 이룬 적이 있었는가?"라고 묻는 것이다. 거기에서 무엇을 배우든 그것을 이용해 다른 최고의 성과를 올린 사람들이 했던 일을 연구, 즉 벤치마킹과 트렌딩(trending, 앞으로의 경향과 추세 등을 점치는 것―옮긴이)을 실시해야만 한다. 달리 말해 당신이 해야 할 '단 하나'의 일은 자신을 올바

그림 21 | 벤치마킹은 오늘의 성공이고, 트렌드는 내일의 성공이다.

른 방향으로 이끌어 줄 단서와 역할 모델을 찾는 것이다. 다른 이들이 무엇을 배우고 깨달았는지 알아보는 것이 당신의 첫 번째 조사가 될 것이다.

그래서 나는 오랜 세월에 걸쳐 상당히 많은 양의 책을 수집했다. 책은 도움이나 정보를 얻을 때 기댈 수 있는 매우 훌륭한 자원이기 때문이다. 자신이 성취하고 싶어 하는 목표를 실제로 이룬 사람과 대화를 나누기는 쉽지 않다. 그래서 책이나 논문 속에 잘 정리된 연구 결과와 성공의 역할 모델은 언제나 최고의 도움을 주었다. 인터넷 또한 빠른 속도로 아주 귀중한 도구가 되고 있다. 온라인이든, 오프라인이든 당신이 걷는 그 길을 이미 가본 사람을 찾아 그들의 경험을 조사하고, 모델로 만들

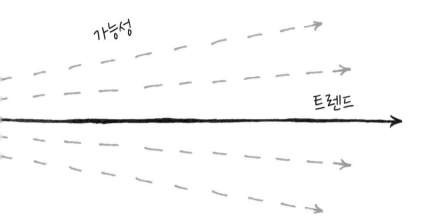

고, 벤치마킹 하고, 동향을 파악하라. 한 대학교수는 내게 이런 말을 했다. "게리, 당신은 똑똑해요. 하지만 당신 전에도 같은 일을 했던 사람들이 있습니다. 큰 꿈을 꾸는 건 당신이 처음이 아니니 다른 이들이 무엇을 배웠는지 먼저 알아본 다음, 그들의 교훈을 바탕으로 행동을 실천에 옮기도록 하세요." 그의 말이 옳았다. 그리고 이 말은 당신에게도 적용된다.

자신만의 해답을 찾고 싶다면 다른 사람들의 연구와 경험을 공부하라. 그곳은 최고의 탐색 장소다. 이러한 지식으로 무장한 다음에는 벤치마킹을 할 수 있다. '최대한 힘을 발휘하는' 접근법을 쓰면 당신이 처음 가졌던 '최고 한계점'이 이후에는 당신의 '최저점'이 될 것이다. 거기에서 멈추지 말고 그 너머로 올라가 다음번엔 또 어떤 것이 나타날지 멀리까지 내다보아야 한다. 이것이 바로 두 번째 단계인 트렌딩이다. 최고의 성과를 올린 사람들이 향하고 있는 방향을 찾는 일이다.

당신이 찾아낸 해답은 지금껏 그 누구도 시도한 적 없는 독창적인 무엇이 될 것이기 때문에 그것을 실행에 옮기려면 여러 가지 면에서 스스로를 재창조해야 한다. 새로운 해답은 언제나 새로운 행동을 요구한다. 그러므로 성공으로 가는 길에서 스스로에게 변화가 일어난다고 해도 놀라지 마라. 멈추지도 마라.

바로 거기에서 기적이 일어나고, 가능성이 무한해진다. 무척 힘들겠지만 아무도 가지 않은 길을 걷는 것은 언제나 그럴 만한 가치가 있다. 한계를 최대한으로 넓힐 때 우리의 삶 역시 넓어지기 때문이다.

핵심 개념

1. 크고 구체적으로 생각하라. 목표를 세우는 것은 질문을 던지는 것과 같다. "저걸 하고 싶다."에서 "저걸 어떻게 이루지?"로 바꿔라. 최고의 질문과 최고의 목표는 크고 구체적이다. 훌륭하면서도 남다른 성과를 원한다면 큰 질문을 던져야 한다. 또한 목표를 제시하면서 동시에 그 달성 여부에 대해 변명의 여지를 주어선 안 되기 때문에 구체적이어야 한다. 또한 초점탐색 질문과 같은 형태로 묻는다면 가능한 최고의 해답에 집중하도록 도와준다.

2. 가능성을 생각하라. 당장 달성할 수 있는 목표는 단순히 했다는 것에 만족하는 정도밖에 되지 않는다. 최대한 힘을 발휘해야 달성할 수 있는 목표는 이보다는 훨씬 더 도전적이다. 그것은 당신이 지닌 현재 능력의 가장자리까지 손을 뻗게 만든다. 거기에 닿으려면 있는 힘껏 팔을 벌려야 한다. 최고의 목표는 우리로 하여금 무엇이 가능한지 탐험하게 만든다.

3. 벤치마킹과 트렌드를 이용하라. 미래를 보는 수정 구슬을 가진 사람은 없다. 하지만 꾸준히 연습하면 상황이 앞으로 어떻게 바뀔 것인지 예측하는 실력이 놀라울 만큼 좋아질 수 있다. 남들보다 앞서갈 수 있는 사람과 기업은 경쟁자가 거의 없거나 전혀 없는 상태에서 알짜배기 보상을 즐길 수 있다. 탁월한 성과를 위해 필요한 훌륭한 해답을 찾고 싶다면 벤치마킹을 이용하고 트렌드를 예측하라.

올바른 길로 가고 있다 하더라도 그냥 앉아만 있다면
빠르게 달려오는 다른 차에 치이고 말 것이다.

– 윌 로저스(미국의 배우이자 언론인)

제 **3** 부

위대한 결과

인생의 반전을 불러오는 단순한 진리

직선 코스로 가라

우리 삶에는 '단 하나'를 실행에 옮기고 탁월한 성과를 올리는 데 필요한 간단한 공식이 있다. 공식에 필요한 세 가지 요소는 바로 목적의식(purpose), 우선순위(priority), 그리고 생산성(productivity)이다. 이 세 요소의 연결을 통해 우리는 '단 하나'의 원칙을 두 개의 분야에 적용할 수 있다. 그중 하나는 크고, 다른 하나는 작다.

　당신이 가져야 할 '큰 단 하나'(big One Thing)는 목적의식이고, '작은 단 하나'(small One Thing)는 그 목적의식을 행동으로 옮길 때 필요한 우선순위다. 생산성이 높은 사람들은 목적의식에 의해 일을 시작하고 그것을 나침반과 같이 이용한다. 그리고 목적의식의 안내를 따라 자신

그림 22 | 생산성은 목적의식과 우선순위에 따라 결정된다.

의 행동을 좌우할 우선순위를 정한다. 이것이야말로 남다른 성과로 가는 가장 빠른 직선 코스다.

목적의식, 우선순위, 생산성을 빙산의 각 부분이라고 생각해 보자.

일반적으로 물 밖으로 보이는 부분은 빙산의 9분의 1, 그야말로 빙산의 일각에 지나지 않는다. 생산성, 우선순위, 목적의식의 관계도 이와 똑같다. 우리 눈에 보이는 것은 보이지 않는 큰 것에 의해 결정된다.

생산성이 높은 사람들(productive people)은 목적의식과 우선순위에 대한 생각이 분명하고, 또다시 역으로 목적의식과 우선순위는 사람들이 높은 생산성을 발휘할 수 있도록 밀어붙인다. 수익이라는 결과물을

그림 23 | 기업의 수익과 생산성 역시 우선순위와 목적의식에 따라 결정된다.

더하면 기업도 이와 마찬가지다. 일반 대중에게 보이는 것, 즉 생산성과 수익은 언제나 기업의 본질이자 기반인 목적의식과 우선순위에 의해 물 위에 떠 있는 것이다. 모든 기업가는 생산성과 수익을 원하지만 그 두 가지를 얻는 최고의 길은 목적의식을 따르는 우선순위라는 것을 모르는 사람이 너무나 많다.

개인의 생산성은 모든 사업 수익의 기본 요소다. 이 두 가지는 따로 떼어 설명할 수 없다. 비생산적인 사람들로 가득한 기업이 기적처럼 수익을 높이는 것은 불가능하다. 훌륭한 기업은 생산성이 높은 사람들을 기반으로 만들어진다. 그리고 당연하게도 생산성이 가장 높은 사람들은 기업으로부터 가장 큰 보상을 받는다.

목적의식과 우선순위, 생산성을 어떻게 연결하느냐가 성공하는 개인과 수익성 높은 기업이 다른 경쟁자들보다 얼마나 더 높이 올라갈 수 있는지를 결정한다. 이러한 원리를 이해하는 것이 바로 탁월한 성과를 창출할 수 있는 핵심이다.

13

목적의식을 가지고 살아라

삶이란 자신을 찾는 것이 아니라 자신을 창조하는 과정이다.
- 조지 버나드 쇼(영국의 극작가)

자, 그렇다면 훌륭한 삶을 창조하기 위해 목적의식을 어떻게 이용해야 하는가? '스크루지 영감' 이야기가 우리에게 많은 시사점을 던져 준다.

찰스 디킨스가 1843년에 쓴 고전 《크리스마스 캐럴》은 인색하고, 냉담하고, 사랑받지 못하던 스크루지가 사려 깊고, 배려심 많고, 사랑받는 사람으로 변하는 이야기를 통해 우리의 삶이 우리의 선택으로 만들어진다는 것을 잘 보여 주는 최고의 작품 중 하나이다. 마음이 차갑고, 돈 한 푼에도 벌벌 떨고, 탐욕스러우며, 크리스마스를 비롯해 사람들에게 행복을 가져다주는 그 모든 것을 경멸하는 스크루지는 인색함과 쩨

쩨함의 대명사다. 어떻게 보면 우리에게 인생을 어떻게 살아야 할지 가르쳐 주는 선생이 되기에 가장 거리가 먼 사람인지도 모른다. 하지만 이 작품에서 그는 우리에게 훌륭한 교훈을 전하고 있다.

어느 크리스마스이브, 지독한 구두쇠 에버니저 스크루지에게 이전 동업자인 제이컵 말리의 영혼이 찾아온다.

"오늘밤 자네에게 경고를 해주러 찾아왔네. 아직은 나와 같은 운명을 피할 수 있는 기회와 희망이 있어. 앞으로 세 유령이 자넬 찾아올 걸세. 내가 한 말을 꼭 기억하게!"

그 세 유령은 과거와 현재, 미래의 유령이었다.

여기서 잠깐, 스크루지가 누구인지 다시 생각해 보자. 디킨스는 스크루지가 마음속의 차가움 때문에 외모마저도 그대로 얼어 버렸다고 묘사했다. 돈에 인색하고 언제나 자기 일에만 신경쓰는 스크루지는 돈을 최대한 적게 쓰고 최대한 많이 모으려 애쓴다. 그는 비밀이 많았으며 늘 홀로 지냈다. 길에서 그에게 인사를 건네거나 관심을 보이는 사람은 아무도 없었고, 그 역시 그 누구에게도 관심을 보이지 않는다. 그는 애정도 없고 고약하며 탐욕스러운 늙은이로 너그러운 면이라고는 찾아볼 수 없다. 그의 삶은 외롭기 짝이 없고, 그로 인해 세상은 불행하다.

밤이 깊어지자 세 명의 유령이 차례대로 스크루지를 찾아와 그의 과거와 현재, 미래를 보여 준다. 유령들의 방문을 통해 그는 자신이 어떻게 현재의 모습이 되었는지, 지금의 삶이 어떻게 흘러가고 있는지, 그리고 결국 그와 그의 주변 사람들에게 무슨 일이 벌어질지를 보게 된다.

끔찍한 경험을 한 그는 다음 날 아침 몸을 벌벌 떨면서 잠에서 깬다. 전날 밤에 경험한 것이 꿈인지 현실인지 분간할 수는 없지만 어쨌거나 시간이 많이 흐르지 않았다는 것을 알게 된 그는 매우 기뻐하며 운명을 바꿀 시간이 아직 남아 있음을 깨닫는다. 기쁨으로 정신이 멍한 상태로 거리로 달려 나간 그는 처음 마주친 꼬마에게 시장에 가서 가장 큰 칠면조를 사서 익명으로 자신의 유일한 직원인 밥 크래칫의 집으로 보내달라고 부탁한다. 그리고 지금까지 볼 때마다 퇴짜를 놨던 자선 활동가를 발견하고는 용서를 구하며 가난한 이들을 위해 큰돈을 기부할 것을 약속한다.

스크루지는 마침내 조카의 집으로 찾아가 오랫동안 어리석었던 자신을 용서해 달라고 말하고 함께 저녁 식사를 하자는 초대를 받아들인다. 그의 진심 어린 축복의 말에 충격을 받은 조카며느리와 이미 와 있던 다른 손님들은 자신들 앞에 앉은 사람이 스크루지라는 사실을 믿을 수가 없다.

다음 날 아침, 여느 때보다 훨씬 늦게 출근한 밥 크래칫 앞에 스크루지가 나타난다.

"이 시간에 출근을 하다니 무슨 짓이지? 이런 태도는 더 이상 참아 줄 수가 없구먼!"

이런 무서운 반응 앞에 크래칫이 무언가 변명을 하기 위해 입을 열기도 전에 스크루지가 다시 덧붙인다.

"그래서 급료를 올려 줄 생각이네!"

스크루지는 그렇게 크래칫 가족의 든든한 후원자가 된다. 크래칫의 병약한 아들 타이니 팀에게는 의사를 찾아주고, 제2의 아버지가 되어 준다. 그리고 다른 이들을 위해 시간과 돈을 아끼지 않으며 남은 여생을 보낸다.

이 짧은 이야기를 통해 찰스 디킨스는 훌륭한 삶을 만드는 간단한 공식을 보여 준다. 목적의식을 갖고(with purpose), 우선순위에 따라(by priority), 생산성을 위해(for productivity) 살아야 한다는 것이다.

이 이야기를 다시 생각해 보면 디킨스가 말한 목적의식이란 '우리는 어디로 가는가' 그리고 '우리에게 중요한 것은 무엇인가'를 합쳐 놓은 질문이라는 것을 알 수 있다. 그는 우선순위가 곧 우리가 중요하게 생각하는 대상이고, 우리가 취하는 행동에서 나온다는 것을 알려 준다. 그리고 삶이란 일련의 연속된 선택이며 우리의 목적의식이 우선순위를 정하고, 우선순위가 행동의 생산성을 결정한다는 것을 일깨워 준다.

디킨스에게는 우리가 누구인지 결정짓는 것이 곧 목적의식이었다.

스크루지는 비교적 단편적이고 이해하기 쉬운 캐릭터이므로 디킨스의 공식을 렌즈 삼아 《크리스마스 캐럴》을 다시 한 번 살펴보기로 하자. 스크루지의 삶에 있어 목적의식은 처음에는 분명 돈이었다. 그는 돈을 위해 일했고, 돈만 움켜쥐고 홀로 지내는 삶을 추구했다. 그는 사람보다 돈을 더 아꼈으며, 돈이 모든 수단을 정당화시키는 목표라고 믿었다. 그의 목적의식에 따르면 그의 우선순위는 뚜렷하다. 자신을 위해 최대한 많은 돈을 버는 것이다. 동전을 모으는 것은 그에게 중요한 일이었다. 그의 생산성은 언제나 돈을 버는 것에 집중되어 있었다. 일과를 마치고 쉴 때면 동전을 셌다. 벌고 이익을 올리고 빌려주고 받고 정산하는 것, 이것들이 그의 하루를 채우는 활동들이었다. 그는 탐욕스럽고, 이기적이고, 주변의 다른 사람들의 어려움에 냉정했다.

스크루지 본인의 기준으로 보면 그는 자신의 목적의식을 이루는 데 있어 매우 생산적이었다. 하지만 다른 사람의 기준으로 보면 그건 비참한 삶에 지나지 않았다.

스크루지가 자신과 같은 운명을 맞게 될까 걱정한 동업자 제이컵 말리가 아니었다면 여기가 이야기의 끝이 되었을 것이다. 그렇다면 유령들이 찾아온 뒤 스크루지에게는 어떤 일이 일어났는가? 우선 그의 목적의식이 바뀌었다. 그리고 그것은 다시 그의 가장 중요한 우선순위를 바꾸어 놓았고, 또 그가 생산성을 위해 집중하는 대상 또한 바꾸어 놓았다. 말리가 등장하면서 스크루지는 새로운 목적의식이 삶을 어떻게 혁신적으로 변화시키는지 경험했다.

그래서 그는 어떤 사람이 되었는가? 함께 살펴보자.

이야기가 끝날 무렵 스크루지의 목적의식은 더 이상 돈이 아니라 사람이 되었다. 이제 그는 사람들에게 관심을 쏟는다. 그들의 재정적 문제와 신체적 건강에도 관심을 갖는다. 그리고 어떤 식으로든 남을 도우며 그들과의 인간관계를 즐긴다. 돈을 쌓아 두는 것보다 다른 이들을 돕는 것을 더 중요하게 여기고, 돈은 그것으로 할 수 있는 선행만큼의 가치를 갖는다고 믿게 된다.

그럼 그의 우선순위는 무엇인가? 한때 돈을 모으고 사람들을 이용하던 그가 이제는 돈을 이용해 사람들을 돕는다. 그의 최우선순위는 사람들을 최대한 많이 도울 수 있도록 최대한 많은 돈을 버는 것이 되었다. 그의 행동은 어떤가? 언제나 가진 돈을 남들을 위해 쓰는 데 있어 생산성을 발휘한다.

이러한 변화는 놀랍고, 이 이야기가 들려주는 교훈은 무엇보다도 뚜렷하다. 우리가 누구인지, 우리가 어디로 가고 싶어 하는지가 곧 우리의 하는 일과 성취하는 바를 결정짓는다. 목적의식에 따라 사는 삶은 그 무엇보다도 강력하고 그 무엇보다도 행복하다.

목적의식이 주는 행복

사람들에게 삶에서 무엇을 원하느냐고 물어보면 '행복'이라는 답을 가장 많이 들을 것이다. 구체적인 답변은 매우 다양할 수 있겠지만 우리가 가장 원하는 것은 아마 행복일 것이다. 그런데 행복은 우리가 가장 오해하고 있는 것이기도 하다. 동기가 무엇이든 우리가 살면서 하는 행동 대부분은 궁극적으로 우리 자신을 행복하게 만들기 위한 것이지만 행복은 우리가 생각하는 방식으로 찾아오지 않는다.

이 내용을 좀 더 자세히 설명하기 위해 옛날이야기 하나를 들려주고자 한다.

동냥 그릇

어느 날 아침 임금님이 궁에서 나와 한 거지와 마주쳤다. 임금이 거지에게 물었다. "너는 무엇을 원하느냐?" 그러자 거지가 웃으며 대답했다. "제 바람을 채워 줄 수 있는 것처럼 말씀하시는군요!" 화가 난 왕이 대답했다. "당연하지. 뭘 원하느냐?" 그러자 거지가 경고했다. "제게 무언가를 약속하시기 전에 한 번 더 생각하는 게 좋을 겁니다."

사실 그 거지는 보통 거지가 아니라 전생에 왕의 스승이었던 사람이었다. 그는 전생에 "다음 생애에서 널 찾아와 깨우침을 주도록 하겠다. 이 생에서는 깨우침을 얻지 못했으니 다시 한 번 나타나 널 도와주겠다."라고 약속한 적이 있었다.

전생의 스승을 알아보지 못한 왕이 고집을 피웠다. "네가 원하는 것은 무엇이든 들어주겠다. 나는 어떤 바람도 충족시킬 수 있는 아주 힘센 왕이다!" 그러자 거지가 말했다. "아주 간단한 바람입니다. 이 동냥 그릇을 채워 주실 수 있겠습니까?" "당연하지!" 왕이 대답하고는 자신을 따르던 신하에게 명령했다. "이 거지의 동냥 그릇을 돈으로 가득 채워라!" 신하가 명령을 따랐다. 그런데 그릇에 돈을 붓자마자 돈이 감쪽같이 사라지는 것이 아닌가! 그래서 그는 붓고 또 부었지만 돈은 붓는 즉시 사라지고 말았다.

동냥 그릇은 여전히 텅 비어 있었다.

왕국 곳곳에 이 기이한 소문이 퍼지자 호기심 많은 사람들이 몰려들었다. 왕의 명예와 권력이 달린 문제였다. 그래서 왕은 신하에게 이렇게 말했다. "나의 왕국을 잃게 된다 하더라도 괜찮다. 절대 이 거지에게 질 수 없다." 그러고는 왕은 계속해서 거지의 동냥 그릇에 자신의 재산을 쏟아 붓기 시작했다. 다이아몬드, 진주, 에메랄드……. 왕의 보물 창고는 점점 바닥을 드러냈다.

그런데도 거지의 동냥 그릇은 채워지지 않았다. 무엇을 집어넣든 그 즉시 사라져 버렸던 것이다!

마침내 놀란 군중이 침묵 속에 지켜보는 가운데 왕은 거지의 발 앞에 털썩 무릎을 꿇고 패배를 인정했다. "네가 이겼다. 마지막으로 나의 궁금증만 풀어다오. 이 동냥 그릇의 비밀이 무엇이냐?"

그러자 거지가 대답했다. "비밀 같은 건 없습니다. 그릇이 그저 인간의 욕망으로 만들어져 있을 뿐입니다."

우리가 직면하는 가장 큰 도전 중 하나는 우리의 목적의식이 거지의 동냥 그릇처럼 바뀌지 않도록 만드는 것이다. 우리를 행복하게 만들어줄 다른 어떤 것을 끊임없이 찾는 밑 빠진 독, 이것과 싸우는 건 무척이나 힘든 일이다.

열심히 돈을 벌고 살림을 늘리는 이유는 거의 대부분 돈이 우리에게 가져다줄 것이라 기대하는 기쁨 때문이다. 한편으로는 정말 그렇기도 하다. 돈이나 원하는 것을 손에 넣으면 잠시나마 행복 지수가 솟구친다. 하지만 그 시간은 길지 않은 경우가 대부분이고 이내 원상태로 돌아가고 만다. 예로부터 많은 철학자들이 행복이란 무엇인지 고민해 왔고, 그들이 내린 결론은 거의 비슷했다. 돈과 재산이 많다고 자동적으로 지속적인 행복이 생기지는 않는다는 것이다.

우리는 주변 환경을 어떻게 해석하느냐에 따라 환경의 영향을 많이 받을 수 있고, 적게 받을 수도 있다. '큰 그림'을 보지 못하면 반복적으로 성공만 찾게 되기 쉽다. 왜 그럴까? 일단 원하는 것을 얻고 나면 새로 얻은 것에 금세 익숙해지기 때문에 머지않아 행복감이 사라진다. 이는 모든 사람들에게 일어나는 일이다. 그래서 결국 새 생활에 지루함을 느끼고 또 새로운 무언가를 손에 넣고자 한다. 그보다 더 심각하게는, 잠시 멈춰 서서 손에 넣은 것을 즐기려 하지도 않고 곧장 다시 일어서서 다른 무언가를 찾아 움직이게 될 수도 있다. 거지로 남기에 딱 좋은 길이 아닐 수 없다. 그렇다면 어떻게 하면 지속되는 행복을 찾을 수 있는가?

행복은 만족을 느끼는 길에서 생겨난다.

미국심리학협회의 전 회장인 마틴 셀리그만 박사는 우리의 행복에 다섯 가지 요소가 있다고 했다. 긍정적인 감정(positive emotion)과 기쁨(pleasure), 성취(achievement), 인간관계(relationships), 참여(engagement), 그리고 의미(meaning)이다. 이 중에서도 그는 참여와 의미가 가장 중요하다고 보았다. 우리의 삶을 더욱 의미 있게 만들어 줄 방법을 찾아 거기에 더 몰입하면 할수록 오랫동록 행복할 수 있다는 것이다. 우리가 매일 하는 행동이 더 큰 목적의식을 충족시킨다면, 가장 강력하고도 오래 지속되는 행복이 가능해질 것이다.

　돈을 예로 들어보자. 돈은 무언가를 손에 넣는 것과 더 많은 것을 가질 수 있는 잠재력 모두를 상징하기 때문에 매우 훌륭한 본보기가 된다. 많은 이들이 돈을 버는 방법에 대해 오해하는 것은 물론이고, 그것이 우리를 행복하게 만들어 준다고 착각하고 있다. 지금까지 나는 노련한 기업가부터 고등학생에 이르기까지 많은 사람들에게 부(富)에 대해 가르쳤다. 그들에게 "돈을 얼마나 많이 벌고 싶은가요?"라고 물을 때마다 매우 다양한 답변이 나왔지만 공통적으로는 금액이 매우 높았다. 그래서 "어떻게 그런 숫자를 골랐느냐?"라고 물으면 대개 "잘 모르겠다."와 비슷한 답변이 나왔다. 그러면 나는 "재정적으로 부유한 사람의 뜻에 대해 말해 줄 수 있나요?"라고 되물었다. 그러면 열이면 열, 100만 달러에서 시작해 그 위의 숫자를 답으로 말했다. 어떻게 그 같은 결론을 내렸느냐고 물으면 많은 이들이 "그게 부자처럼 보여서."라고 답했다. 그에 대한 나의 반응은 이랬다. "그렇기도 하고 아니기도 하다. 그건 모두 당신이 그 돈을 갖고 무슨 일을 하느냐에 달려 있다."

　나는 재정적으로 부유한 사람이란 목적의식에 부합한 돈 이외에도 충분한 돈을 버는 사람이라고 생각한다. 자, 이러한 정의는 받아들여지기 어렵다는 것을 알고 있다. 그래도 재정적으로 부유하려면 먼저 삶에 목적의식이 있어야 한다. 달리 말해 목적의식이 없으면 언제 충분한 돈을 갖게 되는지 알 길이 없고, 따라서 결코 재정적으로 부유해질 수 없다.

　돈이 우리를 행복하게 만들어 줄 수 없다는 게 아니다. 어느 수준까지는 분명 그렇게 해줄 수 있다. 하지만 어느 시점에선가는 그 효과가 사라진다. 돈이 행복감을 계속해서 가져다주는 건 그 돈을 원하는 이유에 달려 있다. 흔히 목표가 수단을 정당화시켜선 안 된다고들 한다. 하지만 행복의 경우에는 다르다. 행복이 목표일 때는 그것을 이루기 위한 수단을 통해서만 행복이 만들어질 수 있다. 그저 돈을 목적으로 더 많은 돈을 원한다면 그 돈을 통해 얻고자 하는 행복을 얻지 못할 것이다. 행복은 더 많은 재산보다는 더 큰 목적의식을 가졌을 때 나타난다. 그래서 행복은 만족으로 가는 길에 나타난다고 하는 것이다.

흔들림 없는 변화의 시작

목적의식은 개인적 강인함, 즉 자신의 신념을 굳게 믿고 그것을 계속 지켜 나갈 수 있는 힘의 궁극적 원천이다. 탁월한 성과를 내려면 자신에게 무엇이 중요한지 알고, 매일 그것과 발맞추어 행동해야 한다. 명확한 목적의식을 가지면 인생이 더욱 또렷이 보이고, 그러면 방향에 대한 확신이 생기며, 이것은 또다시 더 빠른 의사결정으로 이어진다. 의사결정의 속도가 빨라지면 누구보다도 빠른 선택이 가능해져 최고의 선택지를 갖게 될 수 있다. 그리고 최고의 선택지를 갖게 되면 최고의 경험을 할 기회가 생긴다. 이것이 바로 어디로 갈지 잘 알면 인생이 제공하는 최고의 결과물과 경험을 누릴 수 있게 되는 이유다.

목적의식은 또한 일이 잘 풀리지 않을 때에도 도움이 된다. 때로 살기가 힘들어지고 그 일을 피해 돌아갈 길을 찾기 힘들 때가 있다. 높은 목표를 가지고 살다 보면 자기 나름의 힘든 시기를 겪을 수밖에 없다. 우리 모두가 이런 경험을 한다. 그러나 어떤 일을 할 때 잘 안 풀리더라도 스스로 그 이유를 제대로 알고 있다면 더욱더 노력할 수 있는 동기와 의지가 생긴다. 남다른 성과를 만들어 내기 위해서는 성공할 때까지 한 가지 일에 집중하는 것이 가장 기본적인 조건이다.

목적의식은 스스로 정한 길에서 벗어나지 않게 하는 강력한 접착제와 같은 역할을 한다. 자신이 하는 일이 목적의식에 부합할 때 당신의 삶은 리듬을 타듯 수월하게 움직일 것이고, 당신의 발걸음은 머릿속과 가슴 속에서 들려오는 소리와 일치하게 될 것이다.

목적의식을 가지고 살아라. 그러면 일하는 동안 자신도 모르는 사이에 콧노래를 부르고 휘파람을 불고 있을 것이다.

나의 목적의식은 "사람들을 가르치고, 조언하고, 책을 통해 사람들이 최대한 훌륭한 삶을 살도록 돕는 것."이다. 그렇다면 나의 삶은 어떤 모습이겠는가?

가르치는 것은 거의 30년 가까이 나의 '단 하나'의 일이었다. 처음에는 고객들에게 시장에 대한 것과 훌륭한 의사결정을 내리는 방법에 대해 가르쳤고, 그다음에는 교실에서, 영업 회의에서, 아니면 일 대 일로 영업사원들을 가르쳤다. 그리고 나서는 기업가들을 상대로 수업을 진행했다가 이후 주제를 넓혀 성과를 위한 모델과 전략으로 바뀌었고, 지난 10년 동안에는 구체적인 삶의 원칙들에 대해 세미나를 진행해 오고 있다. 가르치는 내용을 바탕으로 사람들을 지도했고, 그 내용을 다시 책으로 내놓았다.

하나의 방향을 정하고 그 길을 따라 행진을 시작하자. 그러고 나서 그것이 자기 마음에 드는지 곰곰이 생각해 보자. 시간이 시각을 더욱 또렷하게 만들어 줄 것이다. 마음에 들지 않는다면 언제든 생각을 바꿀 수 있다. 이것은 당신의 삶이니 말이다.

핵심 개념

1. 행복은 만족으로 가는 길에 나타난다. 우리는 모두 행복해지고 싶어 하지만 무작정 행복을 추구한다고 행복이 나타나는 건 아니다. 오래 지속되는 행복을 얻는 가장 확실한 길은 큰 목적의식을 갖고 매일 하는 그 행동에 의미를 부여하는 것이다.

2. 자신만의 '큰 이유'를 발견하라. 무엇이 자신을 움직이는지 자문하며 자신만의 목적의식을 찾아라. 아침에 잠에서 깨고, 힘들고 지칠 때도 계속해서 일하게 만드는 것이 무엇인가? 나는 종종 이것을 자신만의 '큰 이유'(Big Why)라 부른다. 이것이 바로 자신의 삶에 흥미를 갖는 이유, 지금 하고 있는 일을 하는 이유다.

3. 정답을 고르기보다 방향을 정해라. '목적의식'이라고 하면 너무 진지하게 들릴 수 있지만 어려워할 필요는 없다. 단순하게 그것을 인생에서 다른 그 어떤 것보다도 강하게 원하는 단 하나라고 생각해라. 성취하고 싶은 무언가를 적은 다음 그것을 어떻게 성취할 것인지 설명하라.

14

우선순위에 따라 살아라

계획을 세우는 건 미래를 현재로 가져오는 일이다.
지금 당장 미래를 위해 무슨 일이라도 할 수 있도록.
— 앨런 라킨(미국의 시간관리 전문가)

●

"여기에서 어느 방향으로 가야 하는지 알려주시겠어요?"

"그건 네가 어디로 가고 싶어 하느냐에 달렸지."

고양이가 대답했다.

"어디로 가든 상관없어요."

앨리스가 말했다.

"그렇다면 어느 방향으로 가든 상관없잖아?"

루이스 캐럴의 《이상한 나라의 앨리스》에 등장하는 앨리스와 체셔 고

양이와의 대화를 보면 목적의식과 우선순위의 밀접한 관계가 잘 나타나 있다. 목적의식을 가지고 살면 자신이 어디로 가고 싶은지 알 수 있다. 그리고 우선순위에 따라 살면 그 '어디'에 이르기 위해 무엇을 해야 하는지 알게 된다.

새로운 하루가 시작될 때마다 우리에게는 선택권이 주어진다. "무엇을 하면 좋을까?" 혹은 "무엇을 해야 할까?"라고 물을 수도 있다. 방향이나 목적의식이 없어도 무슨 일인가를 하면 어디론가 갈 수는 있다. 하지만 목적의식을 가지고 어딘가에 가는 경우라면, 반드시 가야 하는 그곳에 도달하기 위해 '해야만 하는' 행동이 따르기 마련이다.

큰 그림을 위한 점 잇기

스크루지가 깨달았듯 우리의 삶은 우리가 품는 목적의식에 따라 움직인다. 하지만 스크루지도 직면해야 했던 한 가지 문제가 있다. 목적의식이 바꿔놓는 우리 삶의 크기는 거기에 연결된 우선순위의 힘과 정비례한다는 것이다. 우선순위가 없는 목적의식은 무력하다.

우선순위(priority)라는 말은 14세기 라틴어의 'prior', 즉 '첫 번째'라는 말에서 유래했다. '가장 중요한 무언가'가 '우선순위'가 되는 것이다. 이 단어는 20세기까지도 단수로만 쓰였으나, 곧 세상이 그것을 '중요한 무언가'(something that matters)라는 의미로 쓰기 시작하면서 복수인

'priorities'가 만들어졌다. 처음의 의미가 사라지면서 오늘날 우리는 앞에 '최고의', '우선의', '첫 번째', '주요한', '가장 중요한' 같은 단어를 붙임으로써('가장 급박한 일', '주된 우려', '우선 관심 대상') 우선순위라는 말에 이전의 의미를 더하고 있다. 이렇게 보니 우선순위라는 단어가 참으로 흥미로운 여정을 거친 것 같지 않은가.

그러니 이 말을 할 때는 주의하는 것이 좋다. 우선순위에 대해 이야기하는 방식은 다양할 수 있어도, 어떤 단어를 택하든 거기엔 탁월한 성과를 내기 위한 '단 하나'라는 의미가 포함되어야 한다.

목표 설정에 대해 가르칠 때마다 나는 목표와 우선순위가 어떻게 함께 움직이는지 보여 주는 것을 최우선순위로 삼는다. 그러기 위해 "왜 목표를 세우고 계획을 만드는가?"라고 묻는다. 매우 다양하고도 좋은 답변이 나오긴 하지만, 사실 우리가 목표와 계획을 세우는 이유는 단 하나다. 삶에서 중요한 순간을 잘 활용하기 위해서다. 과거에서 교훈을 얻고 미래를 예측할 수는 있지만 우리의 현실은 당면한 현재다. '지금 당장'이 우리가 가진 전부다. 우리의 과거는 이전의 현재이고, 미래는 잠재적인 현재에 불과하다.

이런 점을 강조하기 위해 나는 강력한 우선순위를 설정하는 방식을 '현재에 근거한 목표 설정'이라 부르기 시작했다. 애초에 우리가 왜 우선순위를 만드는지 강조하기 위해서다.

성공에는 한 가지 진실이 있다. 이번의 순간에 무엇을 하느냐가 다음 순간에 무엇을 경험하느냐를 결정한다는 것이다. 당신의 '현재 지금'과 모든 '미래 지금들'은 분명 당신이 이 순간에 설정하는 우선순위에 따라 결정된다. 현재와 미래의 자신 중 승리를 거두는 쪽이 바로 그 우선순위를 정하는 결정 요인이다.

오늘 100달러를 받겠느냐, 내년에 200달러를 받겠느냐는 질문을 받으면 어느 쪽을 택하겠는가? 100달러? 200달러? 만약 당신의 목표가 이 기회를 통해 최대한 많은 돈을 버는 것이라면 200달러를 택할 것이다. 하지만 이상하게도 대부분의 사람들은 정반대의 선택을 한다.

사람들은 작은 보상보다는 큰 보상을 좋아하면서도 현재의 보상과 미래의 보상을 비교할 때는 현재의 보상을 훨씬 더 선호한다. 미래의 보상이 훨씬 크더라도 말이다. 경제학자들은 오래전부터 이 사실을 알고 있었다. 이것은 흔히 발생하는 현상으로, '과도한 가치 폄하'(hyperbolic discounting)라고도 불린다. 보상이 먼 미래에 발생할수록 그것을 달성하고자 하는 즉각적인 동기가 줄어든다는 것이다. 멀리 있는 물체가 작아 보이기 때문일 수도 있다. 그래서 사람들은 미래의 것이 현재의 것보다 작다고 오해하고 가치를 폄하한다. 왜 그리 많은 사람들이 미래의 200달러를 포기하고 오늘 그 절반만을 받는 것을 선택하는지 이것으로 설명된다. 그들의 '현재 중시 편향'이 논리를 앞서고, 그래서 잠재적으로 남다른 성과를 올릴 수 있는 큰 미래를 그대로 놓쳐버리는 것이다. 만약 매일 이런 식으로 산다면 미래의 당신에게 어떤 심각한 문제가 발생할지 상상해 보자. 만족 지연에 대해 나누었던 이야기가 생각나는가? 마시멜로 한 조각으로 단순하게 시작된 경험이 나중에는 그 사람에게 훨씬 더 중대한 영향을 미치지 않았던가.

우리에게는 유혹을 뿌리치고, 올바른 우선순위를 정하고, 목적의식을 완수하는 데 조금 더 가까이 다가설 수 있는 단순한 사고방식이 필요하다. 현재에 근거한 목표 설정이 바로 그것을 도와줄 것이다.

'현재에 근거한 목표 설정'이라는 필터로 미래의 목표를 정하고, 그것을 체계적으로 정리해 지금 당장 해야 할 일을 만들어 보자. 큰 인형 속에 크기가 작은 인형이 겹겹이 들어 있는 러시아의 마트료시카 인형처럼 당신이 지금 당장 해야 할 '단 하나'가 오늘 해야 할 '단 하나' 속에 들어 있고, 이것은 다시 이번 주에 해야 할 '단 하나' 안에 들어 있고, 또 이것은 이번 달에 해야 할 '단 하나' 안에 들어 있고…… 이런 식으로 계속 이어진다고 생각하면 된다. 이렇게 작은 것이 합쳐지고 더해져 결국 큰 것을 만들어 낸다.

여기까지 했다면 당신도 줄을 맞춰 도미노를 세우기 시작한 것이다.

현재에 근거한 목표 설정이 어떻게 당신의 생각을 이끌고 당신의 가장 중요한 우선순위를 결정하는지 이해하고 싶다면 다음 글을 소리 내어 읽어 보라.

최종의 목표를 이루기 위해 앞으로 5년 내에 내가 할 수 있는 단 하나는 무엇인가?

5년의 목표를 바탕으로, '최종 목표―5년의 목표'를 달성하기 위

그림 24 │ 미래의 목적의식이 현재의 우선순위와 이어진다.

현재에 근거한 목표 설정

최종의 목표
언젠가 내가 하고 싶은 단 하나는 무엇인가?

5년의 목표
최종의 목표를 바탕으로, 향후 5년 내에 내가 할 수 있는 단 하나는 무엇인가?

1년의 목표
5년의 목표를 바탕으로, 올해 내가 할 수 있는 단 하나는 무엇인가?

↓

한 달의 목표
올해의 목표를 바탕으로, 이번 달에 내가 할 수 있는 단 하나는 무엇인가?

↓

한 주의 목표
이 달의 목표를 바탕으로, 이번 주에 내가 할 수 있는 단 하나는 무엇인가?

↓

하루의 목표
이번 주의 목표를 바탕으로, 오늘 내가 할 수 있는 단 하나는 무엇인가?

↓

지금의 목표
오늘의 목표를 바탕으로, 지금 당장 내가 할 수 있는 단 하나는 무엇인가?

해 올해 내가 할 수 있는 단 하나는 무엇인가?

올해의 목표를 바탕으로, '최종 목표―5년의 목표―올해의 목표'를 달성하기 위해 이번 달에 내가 할 수 있는 단 하나는 무엇인가?

이 달의 목표를 바탕으로, '최종 목표―5년의 목표―올해의 목표―이번 달의 목표'를 달성하기 위해 이번 주에 내가 할 수 있는 단 하나는 무엇인가?

이번 주의 목표를 바탕으로, '최종 목표―5년의 목표―올해의 목표―이번 달의 목표―이번 주의 목표'를 달성하기 위해 오늘 내가 할 수 있는 단 하나는 무엇인가?

오늘의 목표를 바탕으로, '최종 목표―5년의 목표―올해의 목표―이번 달의 목표―이번 주의 목표―오늘의 목표'를 위해 내가 지금 당장 할 수 있는 단 하나는 무엇인가?

인내심을 가지고 전체를 다 읽어 보길 바란다. 이 긴 문장이 왜 필요할까? 지금 당장 해야 하는 가장 중요한 일이 무엇인지 알 때까지 생각하는 법을 훈련하고, 하나의 목표를 다음 목표와 연관 짓는 법을 훈련해야 하기 때문이다. 당신은 지금 크게 생각하는 동시에 이 순간 가장 중요한 일에만 파고드는 법을 배우고 있다.

이러한 질문의 가치를 알고 싶다면 중간 단계를 다 건너뛰고 이렇게 물어보면 된다.

> 최종의 목표를 달성하기 위해 지금 당장 할 수 있는 단 하나는 무엇인가?

이렇게 해서는 효과가 없다. 지금 당장이라는 순간은 먼 미래와 너무나도 동떨어져 있어서 우선순위를 제대로 파악할 수 없다. 물론 거기에 오늘, 이번 주 등을 추가할 수는 있겠지만 위에서 설명한 모든 단계를 차례대로 다 집어넣지 않으면 당신이 원하는 강력한 우선순위는 발견하지 못할 것이다. 바로 이것이 대부분의 사람들이 자신의 목표에 가까워지지 못하는 이유다. 목표 달성까지 필요한 '모든 내일'에 오늘을 연결시키지 못했기 때문이다.

'오늘'을 당신이 가진 '모든 내일'과 연결시켜라. 이를 뒷받침하는 연구 결과도 있다. 총 262명의 학생들을 대상으로 시각화가 결과에 어떤 영향을 미치는지 조사했다. 학생들을 두 그룹으로 나누고 한 그룹의 학생들은 원하는 결과를 마음속에 그려 보았고(예를 들어 시험에서 A학점을 받는 것), 다른 한 그룹은 원하는 결과를 얻기 위해 필요한 과정(시험에서 A학점을 받기 위해 필요한 공부 과정 등)을 머릿속에 그렸다. 결론적으로 말하면 과정을 시각화한 학생들이 전반적으로 더 나은 결과를 얻었다.

그림 25 | 도미노처럼 살기

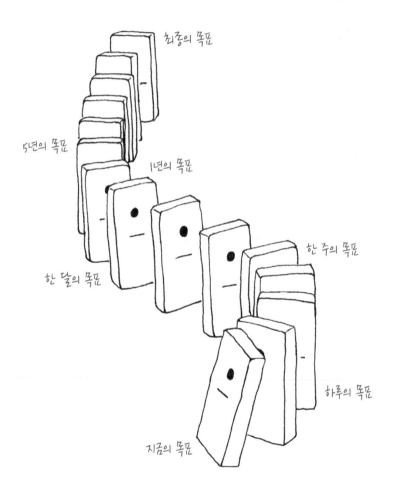

나의 단 하나는 무엇인가?

최종의 목표

5년의 목표

1년의 목표

한 달의 목표

한 주의 목표

하루의 목표

지금의 목표

지금 당장 나의 단 하나는 무엇인가?

결과만을 그려 본 학생들보다 먼저 공부를 시작하고 더 자주 함으로써 더 높은 성적을 거둔 것이다.

우리는 과도하게 낙관적이고 스스로의 능력에 대해 평균 이상이라고 자부하는 경향이 있다. 그래서 어떤 결과에 수반되는 과정을 철저하게 생각하지 않는 우를 범한다. 전문가들은 이것을 '계획의 오류'(Planning fallacy)라고 부른다. 이런 이유 때문에 과정을 시각화하는 작업은 꼭 필요하다. 즉, 목표 달성에 필요한 여러 단계를 각각으로 쪼개어 생각하면 남다른 성과를 위한 전략적 사고를 할 수 있게 된다. 이것이 현재에 근거한 목표 설정이 효과가 있는 이유다.

나는 사람들과 매일 이런 대화를 나눈다. 그들이 내게 무엇을 해야 좋겠는지 물을 때 이 대화는 특히 효과가 있다. 그런 질문을 받으면 나는 이렇게 되묻는다. "그 질문에 답하기 전에 먼저 한 가지 물어볼게요. 당신은 지금 어디로 가고 있고, 최종적으로 어디에 있고 싶습니까?" 그리고 나서 현재에 근거한 목표 설정 방법을 함께 익히다 보면 그들은 재빨리 상황을 파악하고 스스로 해답을 알아낸다. 그리고 그들이 지금 당장 해야 할 단 하나를 내게 알려 줄 때쯤이면 나는 웃으며 이렇게 묻는다. "그럼 지금 당장 가서 그 일을 해야지요. 왜 아직도 여기서 나랑 이야기를 나누고 있죠?"

마지막 단계는 자신이 찾은 답을 종이에 적는 것이다. 목표를 종이에 적는 것에 대해서는 지금까지 무수히 많은 조언을 들었을 것이다. 그러는 데는 다 이유가 있다. 그것이 효과적이기 때문이다.

2008년, 캘리포니아 도미니칸 대학교의 게일 매튜스 박사는 다양한 직업(변호사, 회계사, 비영리 단체 종사자, 마케팅 종사자 등)과 국적을 가진 267명의 실험 참가자를 선발해 실험을 실시했다. 그중 자신의 목표를 직접 적어 둔 사람은 그것을 달성할 가능성이 그렇지 않은 사람보다 39.5퍼센트나 높았다. 목표와 가장 중요한 것을 적어 두는 것은 우선순위에 따라 살기 위해 당신이 해야 할 마지막 단계다.

그리고 무슨 일을 해야 할지 알게 된 다음 해야 할 단 한 가지는, 아는 것을 실천하는 일이다.

핵심 개념

1. 단 하나만 있을 뿐이다. 가장 중요한 우선순위는 당신에게 있어 가장 중요한 일을 해낼 수 있도록 돕는, 지금 당장 할 수 있는 단 하나의 일이다. 여러 개의 '우선순위'가 있을 수 있지만 깊은 곳까지 파고들어 가 보면 자신에게 가장 중요한 것, 최고의 우선순위를 가진 것, 자신의 단 하나는 언제나 하나뿐임을 깨닫게 될 것이다.

2. '지금'에 맞춰 목표를 설정하라. 미래의 목표를 아는 것이 첫걸음이다. 거기까지 이르는 데 필요한 여러 단계를 확인한다면 지금 당장 성취해야 할 올바른 우선순위를 알아낼 수 있다.

3. 펜을 들어 적어라. 목표를 종이에 써서 늘 가까이에 두어라.

15

생산성을 위해 살아라

나의 목표는 더 많은 일을 해내는 것이 아니라
할 일을 적게 만드는 것이다.
— 프랜신 제이(미국의 작가)

스크루지가 유령들을 통해 교훈을 얻고 곧장 행동으로 옮기지 않았다면 《크리스마스 캐럴》은 수많은 옛날이야기들 중 하나로 묻혀 버렸을지 모른다. 하지만 스크루지는 곧장 실행했다. 새로이 얻은 목적의식에 열정을 불태우고 그것을 충족시키는 우선순위에 맞춰 바로 자리에서 일어나 행동을 시작했다.

생산적인 활동은 삶을 바꾸어 놓는다.

영화 속에서 군인들이 고지를 점령할 때 "가서 생산성을 높이자!"라고 외치는 건 본 적이 없을 것이다. 이런 말은 코치나 관리자, 아니면 장

군들이 아랫사람들의 감정을 돋우고 영감을 불어넣기 위해 쓰는 구호는 아니다. 힘든 도전에 뛰어들거나 경쟁에 나설 때 심호흡을 하면서 스스로에게 하는 말도 아니다. 그리고 디킨스 역시 스크루지의 변모한 삶을 이야기하면서 그런 말을 쓴 적이 없었다. 그런데도 스크루지의 생산성은 분명 높아졌다. 사람들이 가장 중요한 일을 할 때 생산성을 높이는 것보다 더 바라는 일은 없을 것이다. 중요한 일을 할 때 많은 사람들이 스스로의 업무에서 원하는 것은 생산성 향상이다.

우리는 언제나 무언가를 하고 있다. 일하거나, 놀거나, 먹거나, 자거나, 서 있거나, 앉아 있거나, 숨 쉬거나⋯⋯. 살아 있다면 무언가를 하고 있다. 우리가 하는 일이 중요할 때도 있고, 중요하지 않을 때도 있지만 기억해야 할 것은 오직 중요한 일만이 우리 삶을 결정짓는 요소로 작용한다는 점이다. 중요하지 않은 일이 우리 삶에 미치는 영향은 그리 크지 않다. 결국 자신에게 중요한 일을 하고, 거기서 최대의 효과를 이끌어 내는 순간 탁월한 성과가 나온다.

생산성을 위해 살면 남다른 성과가 나온다.

생산성에 대해 이야기할 때마다 나는 이런 질문으로 수업을 시작한다. "당신은 어떤 종류의 시간 관리 시스템을 씁니까?" 그 질문에 대한 반응은 종이 달력, 전자 달력, 하루 일정표, 주간 일정표 등 교실에 모인 사람들의 수만큼이나 다양하다. 그러한 답을 듣고 나면 또 이렇게 묻는다. "그러면 당신은 왜 그걸 선택했습니까?" 선택 이유 역시 모양, 크기, 색상, 가격 등 상상할 수 있는 모든 기준이 다 나온다. 하지만 이

때 학생들은 십중팔구 그 시스템의 기능이 아니라 형식을, 그것이 어떻게 작동하느냐가 아니라 그것이 무엇인지를 설명하는 데 그친다. 그래서 내가 "좋습니다. 그래서 어떤 시간 관리 시스템을 쓴다는 거죠?"라고 되물으면 항상 사람들은 이렇게 묻는다. "그게 무슨 소리죠?"

"자, 모든 사람에게 똑같은 시간이 주어지는데도 어떤 이들은 돈을 많이 버는 반면 또 어떤 이들은 그렇지 못합니다. 그렇다면 시간을 어떻게 쓰느냐에 따라 버는 돈이 정해진다고 할 수 있을까요?"

이렇게 물으면 항상 모두 고개를 끄덕인다. 나는 말을 이어나간다.

"그게 사실이라면, 즉 시간이 돈이라면 시간 관리 시스템을 설명할 수 있는 가장 좋은 방법은 버는 돈을 기준으로 이야기하는 것이 아닐까요? 여러분은 1년에 1만 달러짜리 시스템을 쓴다고 할 수 있나요? 아니면 2만 달러 시스템? 5만 달러, 10만 달러, 아니면 50만 달러 시스템? 그것도 아니면 100만 달러가 넘는 시스템을 쓰고 있습니까?"

침묵.

이런 상황에서 누군가 분명히 이런 질문을 하는 사람이 나온다.

"그걸 어떻게 알 수 있죠?"

그 질문에 나는 이렇게 되묻는다.

"얼마나 버십니까?"

돈이 결과를 보여 준다면, 시간 관리 시스템의 성공 여부는 그것이 가져다주는 생산성으로 판단할 수 있을 것이다.

내 삶에서 한 가지 흥미로운 사실은, 내 고객이었던 사람은 모두 백만장자이거나 나중에 백만장자가 되었다는 것이다. 의도적으로 계획한 것도 아니었다. 그냥 일어난 일이었다. 그리고 그런 경험을 통해 내가 배운 가장 중요한 사실은 성공하는 사람일수록 시간을 생산적으로 쓴다는 것이다.

탁월한 성과를 올리는 사람들은 그저 남들보다 오랫동안 일해서 그렇게 된 것이 아니다. 그들은 자신에게 주어진 시간 내에 더 많은 일을 했기 때문이다. 그들은 단 하나의 일을 할 시간을 정해 두고, 독하게 그것을 지킨다. 그들은 시간을 정해 두고 지속적으로 행동하는 것과 탁월한 성과 사이에 연관 관계가 있음을 알고 있었다.

결과를 바꾸는 시간 확보의 기술

나는 잠이 많다. 그냥 많은 정도가 아니라 조상 대대로 잠이 많다. 단순히 사람들을 웃기려고 하는 말이 아니다. 어떤 때 보면 내 유전자는 토끼보다는 거북이와 더 많이 닮은 것 같다. 반면에 나와 함께 일하는 사람들은 엄청난 에너지를 타고났다. 놀랍게도 그들은 오랜 기간 야근을 할 수 있을 뿐만 아니라 지치지도 않는다. 그들을 따라 하려고 노력했으나 일주일도 채 지나지 않아 내 몸이 말 그대로 무너져 내리고 말았다. 그때 나는 깨달았다. 더 많은 일을 하기 위한 수단으로 더 많은 시간을 투자하는 건 내게 불가능하다는 사실을 말이다. 신체적으로 불가

그림 26 | 자신과 약속을 정해 지켜라!

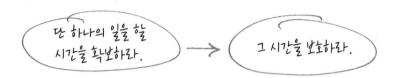

능한 일이었다. 이런 점을 감안하면서 나는 내가 투자할 수 있는 시간 동안에 생산성을 가장 높일 수 있는 방법을 찾아야 했다.

해답은 무엇이었을까? 바로 '시간 확보'(Time blocking)였다.

대부분의 사람들은 늘 시간이 부족하다고 말한다. 하지만 중요한 시간을 미리 정해 두면 절대로 부족하지 않다. '시간 확보'는 시간을 일의 중심에 두는 매우 결과지향적인 방식이다. 해야 할 일은 반드시 끝나도록 만드는 방법이기도 하다. 알렉산더 그레이엄 벨은 이렇게 말했다. "지금 주어진 일에 모든 생각을 집중하라. 햇빛은 초점을 맞출 때까지 절대로 종이를 태우지 못한다." 시간을 확보하는 일은 에너지를 집중시킬 뿐 아니라 가장 중요한 일에 힘을 쏟게 해준다. 생산성을 높이는 가장 강력한 도구다.

그러니 달력을 꺼내 단 하나의 일을 마치는 데 필요한 시간을 따로 표시해 둬야 한다. 한 번 하고 끝날 일이라면 적절한 시간과 날짜를 따로 정하라. 정기적으로 해야 할 일이라면 습관이 되도록 매일 적당한 시간을 따로 떼어 두어라. 다른 프로젝트, 서류 작업, 이메일, 전화 통화, 편

그림 27 │ 불필요한 다른 일들이 당신의 하루를 채우고 있다!

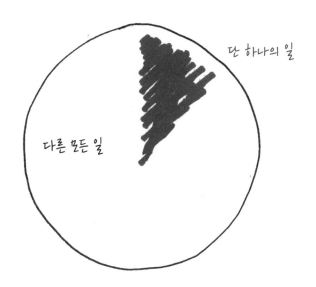

보통 사람들의 전형적인 하루

단 하나의 일

다른 모든 일

지, 회의 그리고 다른 모든 일들은 그 일이 끝난 다음에 하라. 이런 식으로 시간을 정해 두면 평생을 가장 생산적인 날들로 채울 수 있다.

하지만 안타깝게도 보통 사람들의 하루는 대체로 그렇게 되어 있지 않다(그림 27 참조). 가장 중요한 일에 집중할 시간이 점점 더 부족하게 된다.

생산적인 사람들의 하루는 보통 사람들의 일상과는 완전히 다르다(그림 28 참조).

그림 28 | 단 하나의 일에는 마땅히 그것을 할 충분한 시간이 필요하다.

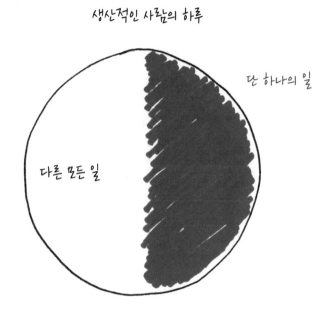

생산적인 사람의 하루

단 하나의 일

다른 모든 일

하나의 활동에서 월등하게 의미 있는 결과가 나온다면 바로 그 하나의 행동에 월등히 많은 시간을 투자해야만 한다. 매일 이렇게 따로 확보해 둔 시간을 위해 초점탐색 질문을 던져라. "오늘, 다른 모든 일을 더 쉽거나 필요 없게 만들 나의 단 하나의 일은 무엇인가?" 이 질문에 대한 답을 찾았다면 가장 중요한 일을 위해 가장 중요한 활동을 하게 될 것이다.

바로 이것이 자신의 성과를 남다르게 만드는 방법이다.

이렇게 행동하는 사람들은 가장 많은 것을 성취하게 될 뿐만 아니라 장기적으로도 가장 많은 기회를 얻게 된다. 그들은 느리지만 확실히 자기만의 단 하나를 통해 조직 내에서 명성을 얻고 '무엇으로도 대체할 수 없는 존재'가 된다. 궁극적으로는 누구도 그들이 없는 조직을 상상하지 못한다. ('불필요한 다른 모든 일들'의 수렁에 빠진 사람들은 당연히 정반대의 처지에 놓인다.)

그 날에 정해 둔 단 하나의 일을 마치고 난 다음에는 나머지 시간을 다른 모든 일에 쏟아도 된다. 이때 초점탐색 질문을 이용해 다음 우선순위가 무엇인지 알아내고 그 일에 필요한 만큼의 시간을 과감히 투자하라. 하루 일과가 끝날 때까지 이러한 과정을 반복하라. '불필요한 다른 모든 일'을 다 마치면 물론 그날 밤 잠을 더 푹 잘 수 있을지는 몰라도, 그것이 당신을 승진시켜 주지는 않을 것이다.

시간 확보는 자신과의 약속이다. 자신이 해야 할 단 하나의 일이 무엇인지 알고 있다면 그것을 확실히 끝내겠다고 자신과 약속하라. 훌륭한 영업사원은 계약을 따내고, 훌륭한 프로그래머는 프로그램을 만들며, 훌륭한 화가는 그림을 그린다. 당신이 어떤 직업을 가졌든, 어떤 직급이든 매일 달력의 빈 칸을 채워라. 매일 훌륭해지기 위한 노력에 시간을 투자할 때 훌륭한 성공이 비로소 모습을 드러내는 법이다.

남다른 성과를 올리고 위대함을 경험하기 위해 필요한 다음의 세 가지 시간을 순서에 따라 확보해 보자.

그림 29 | 시간을 확보한 달력의 예시

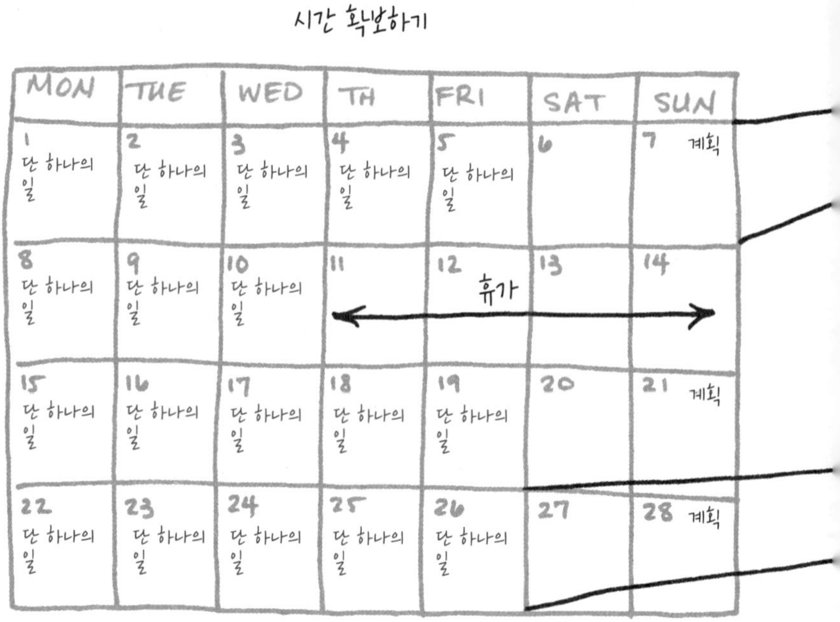

시간 확보하기

MON	TUE	WED	TH	FRI	SAT	SUN
1 단 하나의 일	2 단 하나의 일	3 단 하나의 일	4 단 하나의 일	5 단 하나의 일	6	7 계획
8 단 하나의 일	9 단 하나의 일	10 단 하나의 일	11	12 휴가	13	14
15 단 하나의 일	16 단 하나의 일	17 단 하나의 일	18 단 하나의 일	19 단 하나의 일	20	21 계획
22 단 하나의 일	23 단 하나의 일	24 단 하나의 일	25 단 하나의 일	26 단 하나의 일	27	28 계획

1. 휴식 시간 확보하기.

2. 단 하나의 일을 할 시간 확보하기.

3. 계획할 시간 확보하기.

1. 휴식 시간 확보하기

성공한 사람들은 매년 휴가 계획을 정하며 한 해를 시작한다. 왜일까?

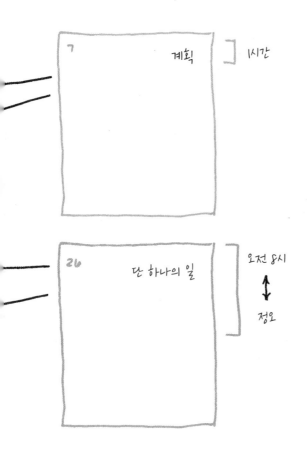

그들은 그 시간이 필요함을 알고, 자신에게 그런 시간을 낼 자격이 있다는 것도 알기 때문이다. 실제로 큰 성공을 거둔 사람들은 자신이 여러 번의 휴가 사이사이에 틈틈이 일하고 있다고 생각한다. 반면 성공을 거두지 못하는 사람들은 휴식 시간을 따로 떼어 두지 않는다. 자기에게 그럴 자격이나 여유가 없다고 생각하기 때문이다.

미리 휴식 시간을 정해 두면 사실상 업무 시간을 중심으로 쉬는 시간을 관리하는 것이 아니라 그 반대가 된다. 또한 자신이 언제 쉴지 다른 이들에게 미리 알려줌으로써 다른 사람들이 거기에 맞춰 계획을 세울 수 있게 한다. 성공하는 사람이 되려면 처음부터 재충전하고 스스로에게 보상을 내릴 시간을 따로 마련해 두어야 한다.

시간을 내어 쉬어라. 긴 주말과 긴 휴가를 따로 떼어 두고 그것에 맞춰 쉬어라. 그러면 전보다 에너지를 회복하여 더 여유롭고 생산적으로 움직일 수 있을 것이다. 사람이든 사물이든 원활히 기능하려면 휴식 시간이 필수적이고, 당신도 여기서 예외는 아니다.

쉬는 것은 일하는 것만큼이나 중요하다. 물론 성공한 사람들 중에 이러한 원칙을 지키지 않는 사람들도 일부 있지만 그들은 우리의 역할 모델이 아니다. 그들은 성공하는 데 있어 휴식이 필요하지 않다고 믿고 행동했음에도 성공한 사람들이기 때문이다.

2. 단 하나의 일을 할 시간 확보하기

휴식 시간을 따로 정한 다음에는 자신이 해야 할 단 하나의 일을 할 시간을 확보하라. 그렇다. 잘못 읽은 게 아니다. 당신의 가장 중요한 일이 두 번째로 오는 것이 맞다. 왜 그럴까? 개인적인 '재창조'의 시간을 무시하고는 행복한 마음으로 성공을 유지할 수 없기 때문이다. 먼저 휴식 시간을 따로 정해 둔 다음, 단 하나의 일을 할 시간을 찾아라.

생산성이 높은 사람들, 즉 탁월한 성과를 내는 사람들은 단 하나의 일을 중심으로 하루 일과를 계획한다. 그들이 매일 잡는 가장 중요한 약속은 자신과의 약속 시간이며, 절대 그것을 어기는 법이 없다. 따로 떼어 둔 시간 내에 단 하나의 일을 마치고 시간이 남는다고 해서 반드시 하루 일과를 끝낼 필요는 없다. 그런 경우 그들은 초점탐색 질문을 이용해 남은 시간을 어떻게 활용할지 정한다.

　이와 마찬가지로 자신이 해야 할 단 하나의 일에 대해 구체적인 목표가 정해지면 시간이 초과되든 남든, 일단 그것을 끝내고 본다. 《시간은 어떻게 인간을 지배하는가》(A Geography of Time)라는 책에서 저자 로버트 레빈은 대부분의 사람들이 '시계'에 나온 시간을 바탕으로 일한다고 지적한다. "퇴근 시간이네, 그럼 내일 봐." 같은 식으로 말이다. 하지만 어떤 이들은 '중요한 업무'에 따라 일하며 "내 일은 내가 끝낼 때 끝나."라고 말한다. 한 번 생각해보자. 목장에서 일하는 사람은 특정 시각이 되었다고 퇴근하지 않는다. 젖소의 젖을 다 짠 다음에야 집으로 돌아간다. 중요한 결과가 달린 경우라면 어떤 직업, 어떤 직급도 마찬가지다. 생산적인 사람들은 업무에 걸리는 시간에 따라 일한다. 그들은 자신이 해야 할 단 하나의 일을 완수할 때까지 일을 중단하지 않는다.

　관건은 하루 중 최대한 이른 시간 중에 단 하나의 일을 할 시간을 따로 확보해 놓는 것이다. 출근하여 급한 일을 처리할 시간을 30분에서 한 시간 정도로 정리하고, 곧장 단 하나의 일로 넘어가라.

　내가 추천하는 것은 하루에 네 시간씩을 따로 떼어 두는 것이다. 오타가 아니다. 다시 말하겠다. 하루에 네 시간을 따로 정해 두어라. 솔직히 말해 그게 최소 권장 시간이다. 시간을 그보다 늘릴 수 있다면 그렇게 하는 게 좋다.

《유혹하는 글쓰기》(On Writing)에서 저자 스티븐 킹은 자신의 작업 흐름을 다음과 같이 설명했다. "나의 일정은 꽤 명확히 정해져 있다. 아침 시간은 무엇이든 새로운 일, 현재의 집필 같은 것을 하는 시간이다. 오후에는 낮잠을 자고 편지를 쓴다. 저녁은 책을 읽고, 가족과 함께 보내고, 텔레비전으로 레드삭스 경기를 보고, 급한 수정이나 검토를 하는 데 쓴다. 기본적으로 오전이 집필을 하는 가장 주된 시간이다." 하루에 네 시간이라는 말은 스티븐 킹의 소설보다도 무섭게 들릴지도 모른다. 하지만 그의 성과를 보고도 반박할 수는 없을 것이다. 스티븐 킹은 우리 시대의 가장 성공적이면서도 가장 많은 책을 내는 작가가 아닌가.

이 이야기를 할 때마다 누군가 한 명은 꼭 이렇게 말한다. "그거야 스티븐 킹이니까 그렇게 할 수 있는 거죠!" 그 말을 들으면 나는 이렇게 대답한다. "스스로에게 해야 할 질문은 이것 같습니다. 그가 스티븐 킹이기 때문에 이렇게 할 수 있는 걸까요, 아니면 이렇게 하기 때문에 스티븐 킹이 된 걸까요?" 그러면 반박하고 나선 사람도 금세 수그러들고 만다.

성공한 다른 수많은 작가들처럼 스티븐 킹 역시 집필 초기에는 시간을 쪼개어 시간이 날 때마다 틈틈이 글을 써야 했다. 아침이든, 저녁이든, 심지어 점심시간도 좋았다. 그의 본업 때문에 정말 하고 싶었던 일인 작가 생활을 지속하기 어려웠기 때문이었다. 그렇지만 일단 남다른 성과가 나오기 시작하자 그는 자신만의 단 하나의 일을 통해 생계를 유지할 수 있었고, 그런 뒤에 점차 안정적으로 고정된 시간을 따로 확보할 수 있게 되었다.

우리 팀의 고위 비서가 하나의 프로젝트를 위해 얼마 전부터 상당한 시간을 따로 확보하기 시작했다. 처음에는 스트레스가 이만저만이 아니었다. 그녀는 끊임없이 방해를 받았다. 수시로 이메일이 왔다는 알림이 뜨고, 동료들이 들락거렸으며, 다른 팀원들도 끊임없이 그녀에게 시간을 내달라고 졸라 댔다. 게다가 그 일들은 잡무가 아니라 엄연히 그녀의 본 업무 중 하나였다. 결국 그녀는 노트북을 빌리고 회의실을 예약해 수시로 들락거리는 사람들과 급하지 않은 요구들을 피하기 시작했다. 그리고 나자 일주일도 안 되어 회사의 모든 사람은 하루 중 일정한 시간 동안에는 그녀에게 접근할 수 없다는 사실에 적응하기 시작했다. 그러기까지 한 달도, 1년도 아닌 딱 일주일이 걸렸다. 회의 시간은 조정되었고, 업무는 이전처럼 정상적으로 돌아갔다. 그리고 그녀는 생산성을 어마어마하게 높일 수 있게 되었다.

당신이 누구든, 무슨 일을 하든, 많은 시간을 따로 떼어 두어도 제대로 일할 수 있다.

기업가인 폴 그레이엄의 2009년 에세이 《생산자의 스케줄, 관리자의 스케줄》(Maker's Schedule, Manager's Schedule)을 보면 많은 시간을 따로 확보해 놓는 것이 얼마나 중요한 일인지 잘 알 수 있다. 혁신적인 벤처 캐피털 회사인 Y 컴비네이터의 창립자 중 한 명인 그레이엄은 일반 기업의 경우 일정을 짜는 전통적인 방식 때문에 기업 문화 자체가 기업의 생산성을 방해한다고 주장한다.

그레이엄은 모든 일을 두 가지로 분류한다. 하나는 생산(일하기 혹은 창조하기)이고 다른 하나는 관리(감독하기 혹은 지시하기)다. '생산자'는 아이디어를 내고, 계약을 맺고, 인재를 뽑고, 제품을 생산하고, 아니면 프로젝트와 계획을 실행하는 데 많은 시간을 할애해야 한다. 이러한 업무는 대체로 하루의 절반이나 그 이상을 필요로 한다. 반면 '관리자'의 시간은 한 시간 단위로 계산된다. 관리자의 경우 이 회의에서 저 회의로 불려 다니고, 남을 감독하거나 지시하는 사람들은 보통 권력과 권한을 갖기 때문에 다른 사람들을 자신의 일정에 맞춰 움직이게 한다. 이러다 보면 큰 마찰이 생길 수 있다. 작업시간이 필요한 생산자들이 엉뚱한 시간에 회의에 끌려가게 되면 그들이 자기 자신과 회사를 전진시키기 위해 필요한 바로 그 시간을 방해 받기 때문이다. 그레이엄은 이러한 통찰을 이해하고 Y 컴비네이터에 새로운 기업 문화를 심었다. 이 회사는 모든 일정이 철저히 생산자의 시간에 맞춰 돌아가기 때문에 모든 회의는 하루 일과의 마지막 시간에 집중되어 있다.

탁월한 성과를 경험하려면 아침에는 생산자가 되고 오후에는 관리자가 되어라. 당신의 목표는 '단 하나의 일을 마치는 것'이다. 하지만 매일 단 하나의 일을 할 시간을 따로 떼어 두지 않으면 당신의 단 하나는 영영 끝나지 않을 것이다.

3. 계획할 시간을 확보하기

따로 시간을 확보해야 하는 마지막 우선순위는 바로 계획할 시간이다. 지금 자신이 어디에 있는지, 그리고 어디로 가고자 하는지 되돌아보는 시간이다. 연간 계획의 경우에는 궤도를 어느 정도 가늠할 수 있게끔 연말 즈음에 잡되, 내년의 시작이 지체될 정도로 늦어선 안 된다. 최종의 목표와 5년의 목표를 살펴보고 그 길에 접어들기 위해 내년에 반드시 어떤 진척을 이루어야 하는지 평가하라. 새로운 계획을 몇 가지 더 하거나 기존의 것을 수정하거나 혹은 목적의식이나 우선순위를 반영하지 않는 것들을 없앨 수도 있다.

매주 한 시간을 따로 떼어 연간 목표와 월간 목표를 검토하라. 먼저 연간 목표를 달성하기 위해서 그 달에 어떤 일이 이뤄져야 할 필요가 있는지 물어라. 그런 다음 월간 목표를 달성하기 위해 그 주에 무슨 일이 일어나야 할지 물어라. 근본적으로 이것은 "지금 내가 있는 곳을 바탕으로, '올해의 목표—이번 달의 목표'를 달성하기 위해 이번 주에 해야 할 단 하나의 일은 무엇인가?"라고 묻는 것과 같다. 도미노를 세우는 것이다. 계획을 세우고 검토하기 위해 얼마나 많은 시간이 필요할지 판단한 뒤 달력에 그만큼의 시간을 따로 떼어 두어라.

2007년 7월, 소프트웨어 개발자 브래드 아이작은 어느 인터뷰에서 코미디언 제리 사인펠트로부터 배웠다는 생산성의 비결을 공개했다. 사인펠트가 유명해지기 전, 전국의 코미디 클럽을 전전하고 있을 당시 아이작은 한 오픈 마이크(클럽 등에서 누구나 노래나 장기자랑 등을 할 수

그림 30 | X가 이어져 남다른 성과를 만든다!

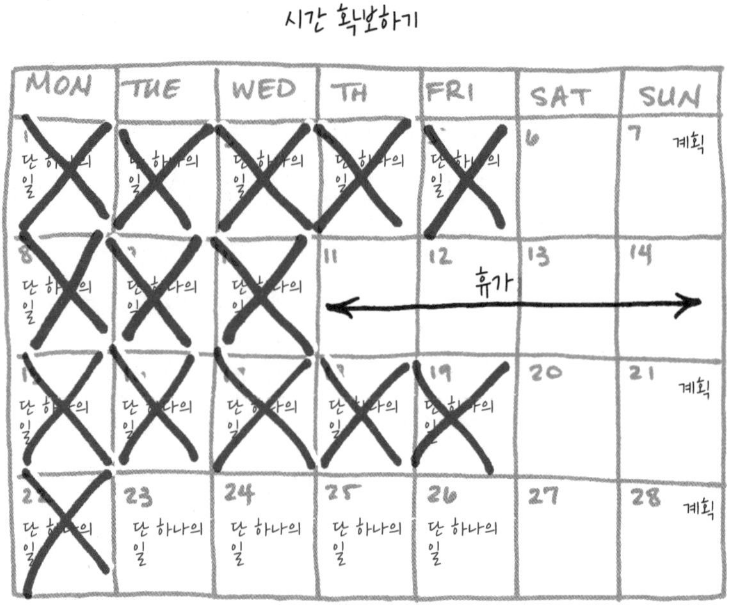

시간 확보하기

MON	TUE	WED	TH	FRI	SAT	SUN
단 하나의 일	단 하나의 일	단 하나의 일	단 하나의 일	단 하나의 일	6	7 계획
8 단 하나의 일	단 하나의 일	단 하나의 일	11	12 휴가	13	14
단 하나의 일	단 하나의 일	단 하나의 일	단 하나의 일	19 단 하나의 일	20	21 계획
22 단 하나의 일	23 단 하나의 일	24 단 하나의 일	25 단 하나의 일	26 단 하나의 일	27	28 계획

있는 마이크 개방 시간—옮긴이) 코미디 클럽에서 그와 마주쳤다. 아이작은 사인펠트에게 어떻게 하면 더 나은 코미디언이 될 수 있을지 물었다. 그러자 사인펠트는 매일 재미있는 농담을 하나씩 만드는 것(그의 단 하나다!)이 비결이라고 대답했다. 그는 커다란 달력을 사서 벽에 걸어놓고 새로운 농담을 지어낸 날마다 커다랗게 빨간 X 표시를 한다고 했다. "며칠이 지나면 빨간색 사슬이 생겨요. 계속 그렇게 하면 사슬이 매일 점점 더 길어지지요. 그 사슬을 보는 게 즐거워질 겁니다. 특히 몇 주

연속 하게 되면요. 이때 당신이 해야 할 유일한 일은 그 사슬이 끊어지지 않게 하는 겁니다. 사슬을 끊지 마세요."

사인펠트의 방법에서 특히 마음에 드는 점이 있다면 그것이 내가 알고 있는 모든 사실과 맞아떨어진다는 것이다. 일단 간단하다. 그리고 단 하나의 원칙을 바탕으로 하고 있으며, 저절로 가속도가 붙는다. 텅 빈 달력을 보면 "세상에, 이걸 1년 내내 어떻게 하지?"라고 덜컥 겁이 날 수도 있다. 하지만 이 방법은 자신의 가장 큰 목표를 현재로 불러와, 단순히 다음 번 X를 표시하는 데에만 초점을 맞춘다. 정치인 월터 엘리엇이 말한 것처럼 "끈기는 장거리 경주가 아니라 계속해서 이어지는 여러 개의 단거리 경주이다." 이 짧은 경주를 계속 이어가면서 사슬을 연결하면 일은 점점 더 쉬워진다. 가속도와 동기가 노력을 대신해 줄 것이다.

하루하루 자신의 가장 중요한 도미노를 넘어뜨리면 마법이 일어날 것이다. 당신이 해야 할 일은 사슬이 끊어지지 않도록 주의하고, 하루에 하나씩 할 일을 완수하는 것이다. 시간을 따로 정해 두는 습관, 강력하고 새로운 습관이 몸에 익을 때까지 말이다.

간단하게 들린다고? 정말 그렇다. 미리 정해 둔 그 시간을 잘 지킬 수만 있다면 말이다.

방해물 정리의 기술

시간을 확보하고 그것을 지키려면 적극적으로 보호해야 한다. 시간을 따로 정해 두는 것은 그리 어렵지 않을지라도 그 시간을 보호하는 건 어렵다. 세상은 당신의 목적의식이나 우선순위가 무엇인지도 모르고, 그것을 지켜야 할 책임도 없다. 그 책임을 가진 건 당신이다. 따라서 당신의 가장 중요한 한 가지를 모르는 사람들로부터, 그리고 스스로 소홀해지는 자신으로부터 그 시간을 지키는 것은 당신의 임무다.

확보한 시간을 보호하는 가장 좋은 방법은 그것을 변경하거나 미룰 수 없다는 생각을 확고히 하는 것이다. 그러니 누군가 그 시간에 당신에게 다른 일을 시키려 한다면 이렇게 말해라. "미안하지만 그 시간에는 이미 약속이 있어요." 그러고 나서 다른 시간이나 대안을 제시하라. 그 사람이 실망하는 기색이라면 공감을 표하되 절대 뜻을 굽히지 마라. 탁월한 성과를 지향하는 사람들, 즉 자신의 시간을 가장 잘 활용하는 사람들은 매일 이렇게 한다. 자신과 한 가장 중요한 약속을 반드시 지키는 것이다.

가장 힘든 부분은 높은 사람들의 요구를 잘 피해 다니는 일이다. 자신에게 중요한 사람, 즉 직속 상사나 주요 고객, 어머니 같은 사람들이 급하다면서 무슨 일인가를 부탁할 때 어떻게 안 된다고 대답한단 말인가? 이때 한 가지 방법이 있다. 일단 알겠다고 대답하고, "그 일을 ○시까지 마쳐도 괜찮을까요?"라고 구체적인 시간을 들어 묻는 것이다. 대부분의 경우 이러한 요구는 즉각적으로 마쳐야 하는 일이라기보다 조금이라도 빨리 자기 손에서 털어내고 싶어 하는 것뿐이라서, 부탁을 한 사람은 대체로 그 일이 해결될 수 있다는 사실만으로도 만족하게 되어 있다. 하지만 때로는 그 요구가 매우 시급하고 중요하여 당장 실행에 옮겨야 할 때가 있다. 그럴 때는 당신이 하던 일을 멈추고 부탁 받은 일을 해라. 이런 경우에는 "확보한 시간을 지키지 못했다면 대체할 시간을 찾아라."라는 원칙을 따라 즉각 다른 시간을 비워야 한다.

또 자기 자신에게 문제가 생길 때도 있다. 이미 일을 너무 많이 해서 지쳤다면 미리 정해 둔 시간을 지키기가 매우 힘들게 느껴질 수 있다. 또한 단 하나의 일에 그렇게 많은 시간을 할애한다면 다른 모든 일은 대체 어떻게 해야 할지 상상조차 안 될 때도 있다. 관건은 단 하나의 일이 완수될 때 넘어가기 시작할 도미노의 모습을 머릿속에 확고히 그리고, 그렇게 되면 다른 모든 일이 더 쉬워지거나 불필요해질 수 있다는 사실을 명심하는 것이다. 처음 시간 확보하기를 시작했을 때 내가 한 일 중에 가장 효과적인 것은 "나의 단 하나의 일이 끝날 때까지 다른 모든 일은 나의 집중력을 흐리는 잡무에 불과하다!"라고 쓰인 종이를 책상 앞에 붙여 놓은 것이었다. 한 번 시도해 보길 바란다. 나뿐만 아니라 남들도 잘 볼 수 있는 곳에 붙여라. 그런 다음 자기 자신과 다른 모든 사람들에게 이것을 주문처럼 말해라. 그렇게 시간이 지나면 다른 사람들도 당신의 업무 방식을 이해하고 도움을 줄 것이다. 믿기 어렵다면 일단 한 번 해봐라.

당신을 방해할 수 있는 또 하나는, 마음을 완전히 비울 수 없다는 점이다. 단 하나의 일 말고 다른 일을 하고 싶어 하는 자기 자신의 니즈가가장 극복하기 힘든 과제가 될 수도 있다. 업무를 단순화시키고 하나의 일에 초점을 맞춘다고 해서 삶이 당장 단순해지는 것은 아니다. 나를 좀 처리해 달라고 비명을 지르는 다른 일들은 언제든 존재할 것이다. 언제든 말이다. 그러니 해야 할 다른 일들이 수시로 떠오른다면 그것들을 할 일 목록에 적고 일단 눈앞에서 치워라. 그렇게 하면 그 일을 반드시 해야 할 시점이 오기 전까지 시야에서도, 마음속에서도 잠시 지울수 있다.

따로 확보해 둔 시간이 방해 받을 수 있는 경우는 이것 말고도 무수히 많다. 여기, 초점을 흐트리는 일들을 물리치고 자신의 단 하나에만정신을 집중할 수 있는 효과적인 네 가지 방법을 소개하도록 하겠다.

1. **벙커를 지어라.** 남의 방해를 받지 않을 장소를 찾아라. 사무실을 따로 쓰고 있다면 '방해하지 마시오' 표시를 붙여라. 유리벽으로 되어 있다면 커튼이나 블라인드를 설치하라. 칸막이가 쳐진 책상에서 근무하고 있다면 상사의 허가를 받아 추가로 접이식 가리개를세워라. 필요하다면 다른 곳으로 자리를 옮겨라. 헤밍웨이는 매일 아침 7시, 자신의 침실에서 글을 쓰는 매우 엄격한 일정을 고집했다. 매우 재능 있는 경영서 전문 작가인 댄 히스는 집필에만집중하기 위해 "중고 노트북을 사서 인터넷 브라우저를 모두 지우

고 하는 김에 무선 네트워크 드라이버도 다 삭제"하고는 이 "구닥 다리 기계"를 들고 커피숍으로 향했다. 이 두 사례가 조금 극단적 이라고 느껴진다면 어딘가 조용한 빈 방을 찾아 문을 닫기만 하면 된다.

2. **물자를 비축하라.** 화장실을 갈 때 빼고는 밖으로 나가지 않도록 필 요한 모든 사무용품, 재료, 간식, 혹은 음료를 벙커에 비축하라. 커피를 뽑으러 잠시 나갔다 오기만 해도 거기서 당신에게 무슨 일 인가를 시키려는 사람을 만난다면 당신의 하루를 망칠 수 있다.

3. **지뢰를 찾아 없애라.** 전화기를 끄고, 이메일을 닫고, 인터넷 브라우 저에서 빠져나와라. 당신의 가장 중요한 일은 당신의 관심을 100 퍼센트 받을 자격이 있다.

4. **도움을 구하라.** 당신을 찾을 가능성이 가장 높은 사람들에게 지금 무엇을 하고 있는지, 언제 시간이 나는지 미리 알려라. 그들이 당 신의 큰 그림을 알아보게 되면 그들이 얼마나 큰 도움을 줄 수 있 는지 깜짝 놀라게 될 것이다.

그리고 마지막으로 시간을 따로 정해 두기 위해 끊임없이 누군가와, 아니면 자기 자신과 줄다리기를 해야 한다면 초점탐색 질문을 던져라. "다른 모든 일을 더 쉬워지게 혹은 불필요하게 만들, 나의 시간을 보호 해 줄 단 하나의 일은 무엇인가?"

핵심 개념

1. **연관 지어 생각하라.** 당신이 도달하고자 하는 곳과 당신이 오늘 하는 일의 방향이 서로 맞을 때 탁월한 성과가 날 수 있다. 목적의식을 생각하며 그것에 따라 우선순위를 설정하라. 우선순위가 뚜렷해지면 그다음으로 해야 할 일은 당연히 그 일을 시작하는 것이다.

2. **단 하나의 일을 위한 시간을 따로 정해라.** 하루 일과 중 이른 시간을, 그것도 많이 따로 떼어 두어라. 한 번에 네 시간 이상은 되어야 한다! 이런 식으로 생각하면 좋다. 시간 확보하기가 재판대에 오른다면 당신의 달력은 당신을 유죄 판결하는 데 필요한 충분한 증거를 가지고 있는가?

3. **정해 둔 시간은 무슨 일이 있어도 지켜라.** "그 무엇도, 그 누구도 단 하나의 일을 하는 나를 방해할 자격이 없다."는 말을 주문처럼 외워라. 그래야 이것이 효과가 있다. 안타깝게도 아무리 굳게 결심해도 세상 사람들의 방해는 막을 수가 없다. 그러므로 유연하게 대처하되 시간을 반드시 지켜야 할 때는 단호한 자세를 유지하라. 정해 둔 시간은 당신과 한 가장 중요한 약속이므로 그것을 지키기 위해 필요한 일이라면 무엇이든 해야 한다.

16

단 하나를 위한
세 가지 약속

최선을 다하는 사람은 절대 후회하지 않는다.
– 조지 할라스(전 미식축구 선수)

시간 확보하기를 통해 남다른 성과를 올리려면 세 가지 약속을 지켜야 한다. 첫째, 자신의 일을 완벽하게 자신의 것으로 만들어 최고의 경지에 이르고자 하는 마음가짐을 가져야 한다. 둘째, 끊임없이 최적의 길을 찾으려 노력해야 한다. 노력에 상응하는 결과를 가져다주지 못하는 방식을 써서는 아무리 최선을 다해도 소용이 없다. 그리고 마지막인 셋째, 자신만의 단 하나를 달성하기 위해 할 수 있는 모든 일을 하고 있다고 기꺼이 책임질 수 있어야 한다. 이러한 약속을 지킨다면 탁월한 성과를 경험할 수 있는 가능성이 높아질 것이다.

단 하나를 위한 세 가지 약속

  1. 전문가의 길을 향해 걸어라.

  2. 도전에서 목적의식으로 이동하라.

  3. 책임감을 갖고 살아라.

전문가의 길을 향해 걸어라

대부분의 사람들은 어떤 분야의 전문가가 되는 것을 최종 목표이자 결과물로 생각한다. 하지만 그것 역시 하나의 사고방식이자 행동 양식, 그리고 경험의 일부라 할 수 있다. 무언가의 경지에 이르고자 그것을 추구하는 행위 자체가 당신이 해야 하는 모든 다른 일을 더 쉽게 만들 것이다. 이런 이유로 당신이 몰두하려는 그 대상을 정하는 일이 매우 중요하다.

  나는 자신에게 가장 중요한 분야에서 가능한 한 최고가 될 수 있도록 최선을 다하는 것이 전문가가 되는 길이라고 믿는다. 이 여정은 견습생이 특수한 기술을 익히기 위해 끊임없이 기본기를 연마하는 것과 같다. 태권도를 비유로 생각해 보자. 열심히 훈련하는 흰 띠도 어느 순간에 이르면 검은 띠가 알고 있는 기본 태권도 동작을 모두 알게 된다. 그저 그 기술을 잘 쓸 수 있을 정도로 연습을 많이 하지 못한 것뿐이다. 검은 띠 수준에서 나오는 창의성은 일단 흰 띠 수준의 기본 동작을 모두 익히는 데서 나온다. 배움에는 언제나 더 높은 또 다른 수준이 있기 때문에 궁극적인 경지는 존재하지 않는다고 생각할 수도 있다. 달리 말하면 우리는 경험한 것들에게 대해서는 '달인'이 되는 반면, 앞으로 해야 할 것들에 대해서는 '견습생'이 된다. 바로 경지에 이르는 것을 '여정'이라 부르는 이유다.

유명한 기타리스트 에드워드 밴 헤일런의 형인 알렉스는 자기가 밤에 외출을 할 때마다 동생은 침대 밑에 앉아 기타를 연습했고, 몇 시간 후 집에 돌아와 보면 여전히 같은 자리에 앉아 연습 중이었다고 말한 적이 있다. 그것이 바로 결코 끝나지 않는 전문가가 되는 길이다.

1993년 심리학자 안데르스 에릭손 박사는 《심리학 평론》에 '전문가적 실력 습득에서 연습이 하는 역할'(The Role of Deliberate Practice in the Acquistion of Expert Performance)이라는 제목의 논문을 발표했다. 이 논문은 높은 경지에 이르는 원리를 이해하는 새로운 기준이 되어 전문가적 실력이 타고난 재능이라거나 선천적인 것, 심지어 천재성 덕분이라는 기존의 발상을 완전히 뒤집어 놓았다. 에릭손은 통달에 대한 최초의 진정한 통찰을 제공한 것은 물론, '1만 시간 법칙'이라는 개념을 처음으로 만들어 냈다. 그는 연구를 통해 세계적인 수준의 연주자들은 모두 공통적으로 수년에 걸쳐 일정 수준 이상의 연습을 규칙적으로 했다고 밝혔다. 그리고 세계적인 바이올리니스트들은 스무 살이 되기 전까지 1만 시간 이상을 연습함으로써 여느 연주자들과는 다른 월등한 실력을 갖추었음이 입증되었고, 여기에서 1만 시간 법칙이 유래

되었다. 많은 세계적 연주자들이 약 10년에 걸쳐 전문가로서의 위치에 도달하게 되는데, 계산을 해보면 1년에 365일, 평균적으로 하루에 세 시간씩 연습을 한다는 것을 알 수 있다. 당신의 단 하나가 업무와 관련이 있고, 1년에 평균 250일(일주일에 5일씩 총 50주)을 근무한다고 치면 전문가로서의 여정과 발맞추기 위해 하루에 약 네 시간이 필요하게 된다. 어디서 들어본 숫자가 아닌가? 그렇다. 그건 무작위로 제시한 숫자가 아니다. 바로 그 네 시간이 당신의 단 하나를 위해 매일 따로 확보해야 할 시간의 양이다.

무엇보다도 전문성은 투자한 시간에 비례한다. 위대한 화가 미켈란젤로는 이런 말을 한 적이 있다. "내가 그림에 통달하기 위해 얼마나 열심히 노력했는지 사람들이 안다면 이 실력이 전혀 대단해 보이지 않을 것이다." 그의 요점은 명백하다. 오랜 시간에 걸쳐 하나의 일에 시간을 들이면 아무리 천재적인 재능이 있는 사람도 언제든 물리칠 수 있다는 것이다. 그러니 시간을 '예약'하는 데 그치지 말고 그 시간을 '정하고 보호해야' 한다.

단 하나를 위해 시간을 따로 확보할 때에는 그것을 완전히 내 것으로 만들겠다는 자세로 임해야 한다. 그렇게 해야 생산성을 최대로 높일 수 있고, 궁극적으로는 자신의 잠재력을 최고로 발휘할 수 있는 기회를 얻게 될 것이다. 그리고 또 한 가지 흥미로운 점이 있다. 생산성이 높아질수록 부가적인 결실을 얻을 수 있는 가능성이 더 높아진다는 것이다.

단 하나를 오롯이 자신의 것으로 만드는 데 전념하다 보면 그것이 곧 다른 일의 발판이 되는 것을 경험한다. 또한 일의 속도마저 빠르게 해 준다는 것을 깨닫게 될 것이다. 지식은 또 다른 지식을 가져다주고, 기술은 또 다른 기술 위에 쌓인다. 이것이 곧 미래의 도미노를 더 쉽게 쓰러지도록 만든다.

경지에 이르는 일은 결코 끝나지 않는, 그래서 우리에게 끊임없이 가르침을 주는 여정이다. 베스트셀러 《달인》(Mastery)에서 저자 조지 레너드는 그의 책에서 유도의 창시자인 지고로 카노의 이야기로 배움의 중요성을 역설한다. 전해 오는 이야기에 따르면 카노는 죽음이 가까워졌을 때 제자들을 불러 모아 자신에게 흰 띠를 묶어 매장해 달라고 부탁했다고 한다. 최고 수준의 무예가가 살아서도, 죽어서도 초심자의 상징을 잊지 않은 것이다. 성공적인 평생 배움의 길은 결코 끝나지 않는다.

도전에서 목적의식으로 이동하라

최고의 성과를 올리는 사람들을 코치할 때 나는 종종 이런 질문을 던진다. "단순히 최선을 다하고 있는 겁니까, 아니면 이룰 수 있는 최고의 결과를 얻기 위해 최선을 다하는 겁니까?" 그들을 골탕 먹이려는 의도는 아니지만 이 질문이 나오면 사람들은 언제나 당황한다. 많은 사람들이 스스로 최고의 노력을 기울이고는 있지만, 이룰 수 있는 최고 수준까지 노력하지는 않고 있다. 자신이 하고 있는 일이나 행동 방식에 변화를 일으킬 마음까지는 없기 때문이다.

무언가의 경지에 이르는 길은 그냥 최선을 다하는 것이 아니다. 최고의 결과를 얻기 위해 가장 알맞은 방법으로 노력할 수 있어야 한다. 시간 확보하기에서 최대한 많은 것을 얻어내려면 자신의 일하는 방식을 지속적으로 개선하는 일이 무엇보다도 중요하다.

이것을 나는 '도전(entrepreneurial)에서 목적의식(purposeful)으로의 이동'이라고 부른다.

사람은 누구나 어떤 일에 대한 타고난 한계를 가지고 있다. 어떤 사람에게 망치를 쥐어 주면 그들은 즉각 목수로 변한다. 그러나 내게 망치를 쥐어 주면 나는 손가락을 박살 내지 않으면 다행이다. 달리 말해 어떤 이들은 최소한의 지시나 연습만으로도 자연스럽게 망치를 아주 잘 다룰 수 있는 반면, 나처럼 망치를 손에 든 바로 그 순간 성취의 한계에 부딪치는 사람도 있다는 뜻이다.

생산성이 높은 사람들은 자신의 타고난 한계를 인정하지 않는다. 그래서 성취의 한계에 부딪치면 그것을 넘어설 수 있는 새로운 모델이나 시스템, 더 나은 업무 방식 등을 찾아 길을 모색한다. 자신에게 주어진 여러 선택지를 점검할 동안만 멈춰 선 다음 그중에 최고의 것을 고르고, 곧장 다시 덤벼든다. 도전적 유형의 사람에게 장작을 구해 오라고 하면 당장 어깨에 도끼를 둘러매고 숲으로 향할 것이다. 반면 목적의식 있는 사람에게 같은 부탁을 하면 그들은 "어디로 가면 전기톱을 구할 수 있습니까?"라고 물을 것이다. 이러한 태도를 갖췄다면 돌파구를 마련하는 것은 물론 자신의 타고난 한계 너머의 것들도 성취할 수 있다. 목표를 달성하기 위해서는 무엇이든 할 수 있다는 마음가짐만 있으면 된다.

무슨 일을 할 것인지 정할 때 한계를 두어선 안 된다. 인생에서 돌파구를 찾고 싶다면 새로운 아이디어와 일하는 방식에 대한 생각을 넓힐 필요가 있다. 이때 목적의식을 가진 사람은 '색다른 결과를 내려면 무언가 색다른 일을 할 필요가 있다'라는 단순한 규칙을 따른다. 이것을 당신의 신조로 삼아라. 그러면 난관을 극복할 새로운 실마리가 보일 것이다.

자신의 성과가 '이 정도면 충분한' 수준에 도달하면 더 나아지려는 노력을 중단하는 사람들이 너무 많다. 경지에 오른 사람들은 끊임없이 자신의 목표를 높이고, 현재의 한계를 넘어서도록 스스로를 격려하며, 영원히 견습생의 위치에 남음으로써 이러한 오류를 피한다. 작가이자 기억력 챔피언인 조슈아 포어는 이렇게 사람들이 안주하는 지점을 'OK 고원'이라 부른다. 그는 타이핑을 예로 들었다. 연습이 그렇게 중요한 것이라면, 처음에 독수리 타법으로 타이핑을 시작했던 사람도 수백만 장의 문서를 작성하고 이메일을 쓰면서 분당 100단어를 치는 경지에 올랐어야 한다. 하지만 그런 일은 쉽게 일어나지 않는다. 우리는 그럭저럭 괜찮은 수준에 올랐다고 생각되면 즉각 배움의 스위치를 꺼버린다. 그때부터는 발전하고자 하는 적극적인 노력 없이 그대로 항로만 유지하면서 성취의 가장 흔한 한계, 즉 OK 고원을 만나 거기에 안주하고 마는 것이다.

남다른 성과를 원한다면 자신의 단 하나를 위해 일할 때 OK 고원이

그림 31 | 언제나 목적의식이 도전적 태도를 이긴다.

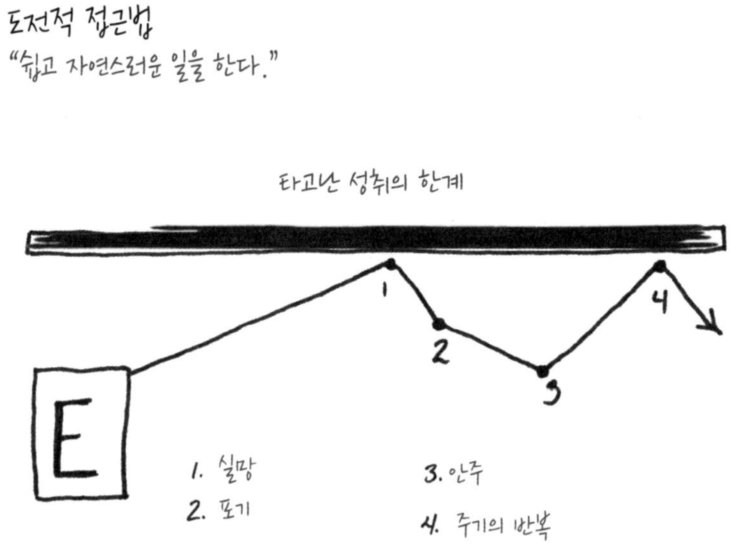

도전적 접근법
"쉽고 자연스러운 일을 한다."

타고난 성취의 한계

E

1. 실망
2. 포기
3. 안주
4. 주기의 반복

나 다른 성취의 한계를 받아들여선 안 된다. 고원과 한계를 넘어서고 싶다면 이때 필요한 접근법은 단 하나, 목적의식을 가진 접근법뿐이다. 일에서든 개인적 삶에서든 우리는 모두 도전에서부터 시작한다. 현재 지닌 능력, 에너지, 지식, 노력 등 손쉽게 동원할 수 있는 것들로 새로운 일에 도전한다는 말이다.

하지만 이것은 우리의 성과에 제약으로 작용한다.

도전하기만 하면 우리가 할 수 있는 일과 우리가 이룰 수 있는 수준

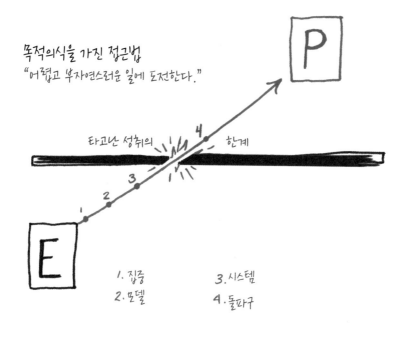

목적의식을 가진 접근법
"어렵고 부자연스러운 일에 도전한다."

타고난 성취의   한계

1. 집중   3. 시스템
2. 모델   4. 돌파구

에 인위적인 한계를 가하게 된다. 도전하는 방식으로만 무슨 일을 하게 된다면 성취의 한계에 부딪히고 그저 튕겨 나오기를 반복할 것이다. 그 실망감을 더 이상 견딜 수 없을 때까지 이런 상황이 계속되면 이것이 자신이 건질 수 있는 유일한 결과라며 이내 포기하고, 결과적으로는 자신의 실제 능력에 한참 못 미치는 곳에서 안주하고 마는 것이다. 그리고 어떤 상황에서 자신이 가지고 있는 잠재력을 다 소진했다고 느끼는 순간이 오면 처음부터 다시 시작해야 전진할 수 있다고 믿게 된다. 하지만 거기에는 문제가 있다. 이것이 하나의 악순환이 되어 새로운 일을 맡으면 다시 열정과 에너지, 타고난 능력, 노력을 총동원해 덤벼들지만 또 다른 한계를 맞닥뜨리고 다시 실망감과 포기에 사로잡히게 되는 것이다. 그러면 어떻게 될까? 이미 짐작했겠지만 다시 낮은 곳에 안주하고 만다.

그러나 목적의식을 가지고 접근하면 같은 한계에 부딪혀도 세상이 다르게 보인다. 목적의식이 있는 사람들은 이렇게 말한다. "나는 아직도 열심히 성장 중이다. 그렇다면 내가 택할 수 있는 길에는 어떤 것들이 있는가?" 그런 다음에는 그러한 선택지들을 추려 다음 번에 시도할 것을 고르기 위해 초점탐색 질문을 쓴다. 새로운 모델을 쓸 수도 있고, 새로운 시스템을 시도할 수도 있으며 아니면 두 가지를 다 해보아도 좋다. 어쨌거나 각오는 단단히 해야 한다. 이러한 것들을 실행에 옮기려면 새로운 사고와 기술, 심지어 새로운 인간관계가 필요할 수도 있기 때문이다. 아마 처음에는 이 중 어느 것도 편하게 느껴지지 않을 것이다. 그래도 괜찮다. 목적의식을 가지고 돌진하려면 종종 불편한 일들도 기꺼이 감수해야 하니 말이다. 탁월한 성과를 내기로 결심했다면, 남다른 성취를 얻겠다고 생각했으면 필요한 일은 무엇이든 해야 한다.

할 수 있는 최선을 다했는데 그 결과가 나올 수 있는 최고라는 확신이 들지 않는다면 도전적 방식에서 벗어나 목적의식을 지닌 방식으로 시도해 보아라. 더 나은 모델과 시스템, 더 멀리 갈 수 있는 방법들을 찾아라. 그런 다음 새로운 사고와 기술, 인간관계를 동원하여 그것들을 실행에 옮길 수 있도록 애써라. 단 하나를 위해 따로 떼어 둔 시간에는 목적의식을 갖고 돌진하여 자신의 잠재력을 마음껏 펼쳐라.

책임감을 갖고 살아라

당신이 하는 일과 당신이 얻는 것 사이에는 특별한 관계가 있다. 행동이 결과를 결정하고, 결과는 다시 행동에 영향을 미친다. 이러한 순환 주기를 알면 탁월한 성과를 내기 위해 무엇을 어떻게 해야 하는지 스스로 알아낼 수 있다. 마지막 약속이 책임감을 갖고 사는 것인 이유도 바로 이 때문이다.

자신의 결과에 대해 다른 누구도 아닌 스스로 책임을 지는 것이야말로 성공을 위해 할 수 있는 가장 강력한 행동이다. 그런 의미에서 책임감은 이 세 가지 약속 가운데에서 가장 중요하다. 책임감이 없다면 전문가가 되기 위한 길이 도전 과제를 만나는 바로 그 순간에 급작스레 끝나 버릴 것이다. 또 그것이 없다면 여정 중간에서 마주치는 성취의 한계를 어떻게 넘어야 할지 알 수 없을 것이다. 책임감 있는 사람들은 다른 이들이 꿈에만 그리는 결과를 손에 넣는다.

살다 보면 자기 인생의 작가가 될 때도 있고 멋모르는 피해자가 될 때도 있다. 책임을 지느냐 지지 않느냐, 이 두 가지가 우리가 택할 수 있는 유일한 선택지다. 가혹하게 들릴지도 모르지만 그것이 사실이다.

매일 우리는 둘 중 하나를 선택하고, 그로 인한 결과가 평생 우리를 따라다닌다.

그 차이를 설명하기 위해 예를 하나 들어 보겠다. 급작스런 시장의 변화를 겪고 있는 두 경쟁 기업의 관리자가 있다. 지난달에는 고객들이 문전성시를 이뤘는데 이번 달에는 파리만 날린다. 이때 각 관리자가 어떻게 반응하느냐에 따라 큰 차이가 생긴다.

책임감 있는 관리자는 즉각 현실에 집중한다. "대체 무슨 일이 벌어지고 있는 건가?" 그러고는 지금 상황이 정확히 어떤지 조사를 시작한다. 또 다른 관리자는 지금 일어나고 있는 일을 받아들이기 거부한다. 이건 일시적인 문제이고, 금세 지나갈 특이사항으로 치부한다. 그저 운 나쁜 달이라고 생각하고 넘겨 버린다. 반면 경쟁사에서 시장 점유율을 얼마나 가져가고 있는지 이미 파악한 책임감 있는 관리자는 이를 악물고 이렇게 말한다. "자, 일이 이렇게 돌아가게 되었으니 문제에 책임감을 갖자. 어쩔 수 없다면 내게 달린 일이다." 현실을 정면으로 받아들이는 것은 큰 강점이다. 남다르게 할 수 있는 방법에 대해 생각할 위치에 서게 되기 때문이다.

또 다른 관리자는 계속해서 현실과 싸운다. 책임감은 내팽개친 채 다른 시각만 내세운다. "나는 그렇게 생각하지 않는다. 모두가 자기 할 일만 제대로 했으면 지금과 같은 사태는 일어나지 않았을 것이다!"

이에 반해 책임감 있는 관리자는 해결책을 찾는다. 그리고 무엇보다도 자신이 그 해결책의 일부라고 여긴다. "나는 무엇을 할 수 있는가?"

그림 32 | 피해자인 척 굴지 말고 책임감을 가져라!

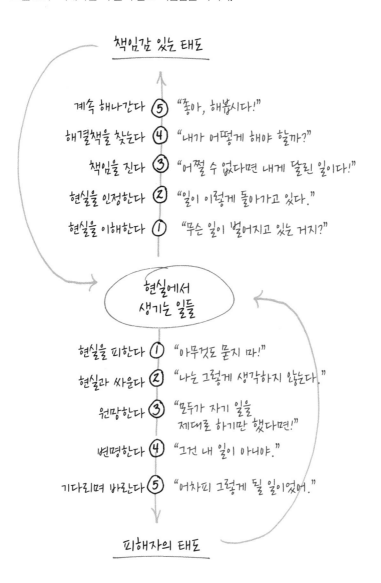

책임감 있는 태도

계속 해나간다 ⑤	"좋아, 해봅시다!"
해결책을 찾는다 ④	"내가 어떻게 해야 할까?"
책임을 진다 ③	"어쩔 수 없다면 내게 달린 일이다!"
현실을 인정한다 ②	"일이 이렇게 돌아가고 있다."
현실을 이해한다 ①	"무슨 일이 벌어지고 있는 거지?"

현실에서
생기는 일들

현실을 피한다 ①	"아무것도 묻지 마!"
현실과 싸운다 ②	"나는 그렇게 생각하지 않는다."
원망한다 ③	"모두가 자기 일을 제대로 하기만 했다면!"
변명한다 ④	"그건 내 일이 아냐."
기다리며 바란다 ⑤	"어차피 그렇게 될 일이었어."

피해자의 태도

그리고 올바른 전술을 찾아 바로 실행에 들어간다. "환경은 저절로 변하지 않으니 이대로 해보는 거다!" 하지만 다른 관리자는 이미 다른 모든 이들을 원망하고 자신을 위한 핑계마저 찾기 시작한다. "그건 내가 할 일이 아니다." 그러고는 상황이 나아지기만을 빈다.

차이점이 뚜렷이 느껴지는가? 한 사람은 자신의 운명을 직접 써나가기 위해 적극적으로 노력하고 있고, 다른 한 사람은 그저 상황이 흘러가는 대로 따라갈 뿐이다. 한 사람은 책임감 있게 행동하고 있고, 다른 한 사람은 피해자임을 자처하고 있다. 한 사람은 결과를 바꿀 것이고, 다른 한 사람은 그렇지 못할 것이다.

처음부터 피해자로 태어나는 사람은 없다. 이것은 단순히 개인의 태도와 접근법의 문제다. 하지만 이런 순환이 오래 지속되면 습관이 된다. 반대의 경우도 마찬가지다. 누구든, 언제든 자신의 행동에 책임을 질 수 있다. 책임의 순환을 선택하고 습관화하면 어떤 어려움을 겪든 자동적으로 그런 태도를 취할 수 있게 된다.

삶에 책임감을 불어넣는 가장 빠른 길 중 하나는 책임감 있는 파트너를 찾는 것이다. 책임의식은 친구나 동료로부터, 그중에서도 가장 높고 고귀한 형태는 코치나 멘토에게서 나온다. 경우가 어떻든 책임의식을 불러일으키는 인간관계를 확립하고, 파트너에게 언제나 가장 정직한 진실만을 말할 수 있게 하는 것이 중요하다. 책임의식이 있는 파트너는 엄밀히 말해 치어리더는 아니지만 당신의 기를 살릴 수는 있다. 또한 당신의 활동에 대해 솔직하고도 객관적인 피드백을 주고, 생산적인 전진을 위해 지속적인 기대치를 설정해 줄 수 있다. 또 필요할 때마다 중요한 브레인스토밍을 도와주거나 심지어 전문성을 빌려 줄 수도 있다.

개인적으로 나는 코치나 멘토가 책임의식 파트너로서 가장 좋은 선택이라고 본다. 동료나 친구도 당신이 보지 못하는 것을 알아보고 큰 도움을 줄 수는 있지만 당신이 진정으로 책임감 있는 사람이라고 믿는 사람이라야 지속적으로 당신에게 최고의 책임의식을 심어 줄 수 있다. 멘토와 이런 관계가 확립될 때 최고의 결과물이 나올 수 있다.

앞서 목표를 적어놓는 사람이 그렇지 않은 사람보다 성공할 가능성이 39.5퍼센트 높다고 한 게일 매튜스 박사의 연구 결과를 기억하고 있을 것이다. 그 이야기는 거기서 끝이 아니다. 자신의 목표를 적어 두고 친구들과 그 상황을 공유한 사람들은 그 목표를 달성할 가능성이 76.7퍼센트나 높았다. 목표를 적어 두는 것만 해도 그렇게 효과적인데, 단순히 일의 진척 상황을 누군가, 심지어 친구와 정기적으로 나누는 것만으로 효과를 두 배나 높일 수 있다니 대단한 일이 아닌가.

이처럼 책임의식은 효과가 있다.

전문가의 실력 향상에 대한 에릭손 박사의 연구 역시 훌륭한 연주와 멘토 사이에 같은 관계가 있음을 확인해 준다. 그가 관찰한 바에 따르면, "아마추어와 세 그룹의 전문 연주자들 사이의 가장 중요한 차이점은 미래에 전문 연주자가 된 사람들은 스승이나 코치를 찾아내고 그들의 지도하에 훈련을 한 반면, 아마추어들은 그와 비슷한 유형의 연습을 하는 경우가 매우 드물었다."는 것이었다.

책임의식을 갖는 데 도움을 주는 파트너는 당신이 높은 생산성을 내는 데 긍정적인 영향을 미칠 것이다. 그들은 당신의 결심을 지켜 주는 것은 물론, 제대로 된 궤도에 벗어나지 않게 할 것이다. 그들이 당신의 다음 번 진척 상황을 궁금해 하고 있다는 사실을 아는 것만으로도 더 나은 결과를 향해 박차를 가할 수 있게 된다. 이상적으로는 시간이 흐르면서 멘토가 당신의 성과를 극대화시킬 수 있는 방법까지 알려 줄 수 있으면 좋다. 이것이 바로 최고가 될 수 있는 방법이다.

명심하라. 우리는 평범한 결과에 대해 이야기하는 것이 아니다. 우리가 원하는 것은 남다르고 탁월한 성과다. 높은 생산성은 아무나 발휘할 수 있는 그런 것이 아니다. 가장 중요한 우선순위를 위해 시간을 따로 확보해 두고, 그 시간을 보호하고, 그 시간을 최대한 효과적으로 활용했을 때 자신이 할 수 있는 최고의 생산성을 발휘할 수 있을 것이다. 그때 바로 단 하나의 힘을 직접 겪을 수 있다.

이제는 생산성을 도둑맞지만 않으면 된다.

핵심 개념

1. 최선을 다하라. 당신에게 가장 중요한 일에서 최고가 될 수 있도록 최선의 노력을 다할 때만이 남다른 성과를 얻을 수 있다. 한 마디로 이것이 바로 경지에 이르는 길이다.

2. 자신의 단 하나에 대해 목적의식을 가져라. 도전에서 목적의식으로 이동하라. 당신을 가장 멀리까지 데려다 줄 수 있는 역할 모델과 시스템을 찾아내라. 쉽고 편안하게 느껴지는 것에 멈추지 말고 새로운 사고와 기술, 인간관계를 받아들여라. 전문가가 되는 길이 최선을 다하겠다는 약속이라면, 목적의식을 갖는 것은 최적의 접근법으로 그것을 이루겠다는 약속이다.

3. 결과에 책임을 져라. 당신이 원하는 것이 남다른 성과라면 피해자 노릇을 해서는 아무것도 얻을 수 없다. 변화를 원한다면 지금 당장 조수석에서 나와 운전석에 앉아라.

4. 코치를 찾아라. 코치 없이 남다른 성과를 이룩한 사람은 찾기 힘들 것이다.

17

생산성을 훔쳐 가는
네 종류의 도둑들

현명해지는 기술은 곧 무엇을 무시할지 아는 기술이다.
— 윌리엄 제임스(미국의 심리학자)

1973년, 한 무리의 신학대학교 학생들이 자신들도 모르는 사이에 '선한 사마리아인 실험'이라는 대대적인 연구에 참여했다. 두 그룹으로 나눈 학생들을 대상으로 어려움에 처한 낯선 사람을 도울지 말지 결정하는 데 어떤 요인이 영향을 미치는지 알아보는 실험이었다. 한 무리의 학생들에게는 신학 활동에 대한 발표를, 다른 한 무리에게는 어려움에 처한 사람들을 돕는 성경 속 이야기인 선한 사마리아인에 대한 발표를 하게 될 것이라고 미리 알렸다. 그런 다음 각 그룹 내에서도 일부에게는 이미 늦었으니 서둘러 오라고 말했고, 또 다른 이들에게는 시간적으로 여유가 있다고 일러두었다. 학생들이 모르고 있는 것이 하나 있었는데 바로 연구원들이 학생들이 가는 길에 한 남자를 배치해 두었다는 것이다. 그 남자는 길바닥에 주저앉아 심하게 기침을 해댔다. 곤경에 처한 사람이 분명했다.

결론부터 이야기하자면 그 남자를 돕기 위해 걸음을 멈춘 사람은 전체 학생 중 절반이 채 되지 않았다. 그리고 학생들을 그 자리에 멈춰 세운 것은 발표 주제가 아니라 시간이었다. 늦었다는 말을 들은 학생 중 90퍼센트는 서둘러 달려가느라 쓰러진 남자를 돕지 못했다. 어떤 이들은 급히 가느라 쓰러진 남자를 밟거나 심지어 걸려 넘어지기까지 했다. 다른 이들을 돕는 일에 대한 발표를 하러 가는 길이라는 사실조차 그들에게 아무런 영향을 주지 못하는 것처럼 보였다.

신학을 공부하는 학생들조차 자신의 진정한 우선순위를 잠시 잊는 판에 우리 같은 사람들에게 희망이 있기는 한 걸까?

분명 우리의 좋은 의도는 쉽게 흐지부지될 수 있다. 1부에서 설명한 대로 우리를 속이고 잘못된 길로 이끄는 여섯 개의 거짓말이 있듯, 우리들로부터 생산성을 훔쳐 가는 도둑도 네 종류나 있다. 우리를 지켜줄 경호원이 따로 있는 것도 아니니 이런 도둑들을 막는 것은 온전히 우리 자신에게 달렸다.

생산성을 훔쳐 가는 네 종류의 도둑들

1. '아니오'(No)라고 말하지 못하는 것

2. 혼란에 대한 두려움

3. 건강에 나쁜 습관들

4. 목표 달성을 도와주지 않는 환경

거절하면 자유로워진다

언젠가 누군가가 내게 이런 말을 한 적이 있다. 누군가 부탁을 해오면 '아니오'를 1000번쯤 한 후에 '예'라고 대답해야 한다고 말이다. 젊은 때는 그 말이 무슨 뜻인지 몰랐다. 하지만 지금은 현실이 그것보다 더 심각하다고 생각한다.

집중하려고 할 때 자꾸 방해를 받는 것도 문제지만, 목표 지점에 이르기도 전에 자꾸 다른 길로 빠지는 것은 더 큰 문제다. 자신이 정해 놓은 시간을 보호하고 생산성을 유지하려면 당신을 궤도에서 벗어나게 만드는 사람이나 사물에 반드시 거부 의사를 밝혀야 한다.

동료들은 당신에게 조언과 도움을 청할 것이다. 팀원들은 당신을 자기 팀에 끌어들이려 할 것이다. 친구들은 무언가를 도와 달라고 할 것이다. 낯선 사람들도 당신을 찾는다. 상상할 수 있는 모든 곳으로부터 각종 초대장과 방해가 날아든다. 이 모든 상황에 어떻게 대처하느냐에 따라 자신의 단 하나와 궁극적으로 원하는 성과에 할애할 수 있는 시간이 정해진다.

여기 한 가지 중요한 것이 있다. 무언가에 대해 '예'라고 말할 때는 무엇을 거절하는지에 대해서도 반드시 알아야 한다. '바람과 함께 사라지다'로 유명한 시나리오 작가 시드니 하워드는 이렇게 말했다. "자신이 무엇을 원하는지 아는 것의 절반은 그것을 얻기 위해 무엇을 포기해야 하는지 아는 것이다." 결국 크게 성공하는 가장 좋은 길은 파고드는 것이다. 그리고 파고들 때에는 다른 일에 대해 '아니오'라고 말해야 할 순간이 너무나도 많다는 사실을 알아야 한다. 예전에 생각했던 것보다도 훨씬 많을 것이다.

'아니오' 맨, 스티브 잡스

파고든다는 개념에 대해서 스티브 잡스보다 더 잘 아는 사람도 없을 것이다. 그는 애플에서 생산한 혁신적인 제품만큼이나 스스로 포기한 제품에 대해서도 매우 큰 자부심을 느꼈다. 1997년 회사에 복귀한 이후 2년 동안 그는 애플에서 생산하는 제품의 가짓수를 350개에서 10개로 대폭 줄였다. 그 기간에 제안되었던 다른 모든 신제품 아이디어를 제외하고도 기존 제품에 대해 340번이나 '안 된다'고 말한 셈이다. 1997년 맥월드 개발자 컨퍼런스에서 그는 이렇게 설명했다. "집중에 대해 생각할 때면 '그래, 집중이란 '예'라고 말하는 거야'라고 생각하기 쉽다. 하지만 그게 아니다! 집중이란 '아니오'라고 말하는 것이다." 잡스는 남다른 성과를 원하고 있었고, 그것을 얻기 위해서는 단 한 가지 길밖에 없다는 것도 알고 있었다. 잡스는 '아니오' 맨이었다.

'예'라고 말하는 기술은 기본적으로 '아니오'라고 말하는 기술과 같다. 모든 사람에게 예라고 말하는 것은 아무에게도 예라고 말하지 않는 것과 같다. 누군가를 위해 해주어야 할 일이 하나둘씩 늘어날 때마다 당신이 시도하는 모든 일의 효과는 줄어들게 된다. 많은 일을 하면 할수록 그중에서 성공을 거둘 수 있는 가능성의 수는 점점 더 줄어든다. 모든 사람을 기쁘게 할 수는 없다. 만약 그렇게 하려고 애를 쓴다면 기쁘게 해주지 못할 단 한 사람은 바로 당신 자신이다.

명심하라. 자신이 해야 할 단 하나의 일에 '예'라고 말하는 것이 당신이 가진 최고의 우선순위다. 이것만 명심한다면 정해 둔 시간을 잡아먹을 일에 '아니오'라고 말하는 것도 쉬워진다.

창의적인 거절의 기술

그렇다면 이제 남은 문제는 거절하는 방법이다. 정도는 조금씩 다르겠지만 누구나 거절하는 데 어려움을 느낀다. 남을 도와주고 싶어서, 상대의 마음을 다치게 하고 싶지 않아서, 사려 깊은 사람이 되고 싶어서, 냉담하고 차가운 사람처럼 보이기 싫어서 등 그 이유는 많다. 모두 다 납득이 가는 이유들이다. 남들이 나를 필요로 한다는 사실은 기쁜 일이고 남들을 돕는 것은 또한 우리에게 깊은 충만감을 가져다준다. 남의 목표, 특히 중요한 대의나 내가 아끼는 사람들의 바람 대신 나 자신의 목표에만 초점을 맞추는 건 너무 이기적이고 자기중심적으로 느껴진다. 하지만 그렇게 생각할 필요는 없다.

마케팅 전문가 세스 고딘은 이렇게 말했다. "존경의 뜻을 담아 거절해도 되고, 단칼에 거절해도 된다. 그리고 부탁을 승낙할 가능성이 있는 다른 누군가에게 연결해 주면서 거절해도 된다. 하지만 잠깐 거절할 때 느끼는 단기적인 고통을 참지 못해 승낙하는 건 당신의 일에 전혀 도움이 안 된다." 고딘은 정확하게 이해하고 있었다. 자신과 남을 위해 도움이 되는 방식으로도 거절을 할 수 있다.

부탁을 받을 때마다 매번 거절하는 것이 당신의 첫 번째 선택이 되어야 한다. 그러나 정 필요하다면 상대에게 도움을 주는 식으로 거절하는 방법도 있다. 필요한 도움을 받도록 당신이 다른 곳을 연결해 줄 수도 있다. 아니면 아예 어떤 도움도 필요치 않을 또 다른 접근법을 제안할 수도 있다. 그들이 창의력을 발휘하도록 넌지시 독려할 수도 있고 그들을 더욱 잘 도울 수 있는 다른 이들에게 부탁해 보라고 정중히 말해도 좋다.

그럼에도 결국 부탁을 승낙하고 말았다면 '예'의 효율을 극대화시킬 수 있는 창의적인 방법을 사용하는 것도 생각해 볼 만하다. 자주 묻는 질문을 정리한 책자나 파일, 문서화한 설명서, 카탈로그, 미리 정해진 교육 시간 등은 미리 확보해 둔 자신의 시간을 보호하는 동시에 효과적으로 남들에게 '예'라고 말할 수 있는 방법들이다. 나는 영업 관리자로서 처음 일을 시작했을 때부터 이런 방법을 쓰기 시작했다. 교육 시간을 이용해 자주 묻는 질문들을 중간에서 차단하고, 질문에 대한 답을 인쇄하거나 녹음하는 방식으로 내가 개인적으로 시간을 내줄 수 없을 때 우리 팀원들이 참조할 수 있는 답변 목록을 만들었다.

거절하는 사람이 된다고 해서 반드시 은둔자 같은 사람이 되는 것은 아니다. 오히려 그와 반대다. 이것은 최고의 자유와 유동성을 얻을 수 있는 길이다. 당신의 재능과 능력은 한정된 자원이고, 시간 역시 한정되어 있다. 자신이 진정으로 원하는 것들로 삶을 채우지 않으면 당신의 인생은 십중팔구 거절해야 하는 것들로 가득하게 될 것이다.

1977년 《에보니》라는 잡지에 실린 한 기사에서 당시 최고의 인기를 누렸던 코미디언 빌 코스비가 이 생산성 도둑을 완벽하게 정리해 준 적이 있다. 그는 코미디언으로 유명세를 타고 있었을 때 우연히 다음과 같은 조언을 읽게 되었고, 이후 마음속 깊이 새기게 되었다고 했다. "성공의 열쇠가 무엇인지는 모른다. 하지만 실패의 열쇠는 모든 사람을 기쁘게 하려 드는 것이다."

자신의 단 하나에 가장 강력한 '예!'를 말하고 나머지에게는 '아니오!'라고 외칠 수 있을 때, 비로소 남다른 성과가 가능해진다.

혼란에 굴복하지 마라

남다른 성과로 가는 길에는 그리 즐겁지 않은 일들이 많이 일어난다. 그 여정은 어수선하고, 불안정하고, 혼란스럽고, 무질서하다. 정해 둔 시간에 단 하나의 일을 쉼 없이 추구하다 보면 우리 주변에는 복잡하고 지저분한 일들이 쌓이게 되어 있다.

단 하나에만 집중하다 보면 반드시 일어날 수밖에 없는 현상이 있다. 다른 일들을 제때 제대로 마무리하지 못한다는 것이다. 그것이야말로 저자로서 내가 당신에게 원하는 바이지만 당신은 기분이 좋을 수만은 없다. 당신의 초점을 방해하는 덜 끝난 일들과 미진한 부분들이 자기를 좀 봐달라고 아우성치는 게 느껴져 안절부절못할 수도 있다. 단 하나의 일을 위해 따로 떼어 둔 시간이 마치 잠수함처럼 느껴지기 시작한다. 단 하나의 일에 점점 더 깊이 파고들수록 다시 수면 위로 올라와 아직 마치지 못한 다른 일들을 처리해야 할 것만 같은 압박감이 심해지는 것이다. 결국에는 눈에 보이지 않을 정도로 작은 틈새가 거대한 폭발로 이어질 것만 같은 불안감이 엄습한다.

이런 일이 벌어지면, 즉 제대로 처리하지 못한 일들에 대한 압박에 굴복하기 시작하면 마음은 편해질 수 있다. 하지만 절대로 높은 생산성은 창출할 수 없다. 생산성을 빼앗아가는 가장 나쁜 도둑들 중 하나가 바로 이 혼란을 참지 못하는 태도나 혼란에 대처하는 창의성의 부재다.

사실, 성공과 혼란은 늘 함께 오게 되어 있다. 위대함을 추구하다 보면 혼란은 반드시 일어난다. 여기에 저항하지 말고 이 사실을 있는 그대로 받아들이는 것이 중요하다. 오스카상을 수상한 적 있는 유명한 영화감독 프랜시스 포드 코폴라는 이렇게 이야기한 바 있다. "큰 규모로, 혹은 강한 열정을 가지고 시작하는 일은 혼란을 불러오게 되어 있다." 달리 말해 거기에 익숙해지고 이를 극복하라는 말이다.

어떤 이의 삶에서든 가족, 친구, 반려 동물, 개인적인 활동 혹은 일터에서 중요한 프로젝트 등 가볍게 무시할 수 없는 여러 가지 일들이 있기 마련이다. 언제든 이런 일 중 일부, 혹은 전부가 단 하나를 위해 떼어둔 시간을 위협할 수 있다. 하지만 그 시간을 포기할 수는 없다. 그렇다면 어떻게 해야 하는가?

나는 이런 질문을 많이 받는다. 이 부분을 가르치다 보면 말을 끝내기가 무섭게 여기저기에서 손이 올라올 것을 이미 알고 있다. "제가 아이를 둔 한부모라면 어떻게 하나요?" "제 도움이 필요한 연로한 부모님이 있다면 어떻게 하나요?" "반드시 처리해야만 하는 다른 일들이 있다면 어떻게 해야 하나요?" 물론 지당한 질문들이다. 그런 질문이 나오면 나는 이렇게 대답한다.

각자의 상황에 따라, 단 하나를 위해 확보한 시간도 처음에는 다른 이들의 시간과 다르게 보일 수 있다. 우리 각자의 상황은 제각기 다르다. 삶에서 어떤 위치에 있느냐에 따라 매일 아침을 자기만의 시간으로 쓸 수 있는 사람이 있는가 하면, 그 시간에 돌봐야 할 자녀나 부모가 있는 경우도 있다. 자신이 단 하나를 위해 써야 하는 시간에 어린이집이나 요양원, 아니면 꼭 가야 할 다른 장소에 있어야 할 수도 있다. 다른 사람들이 자신의 시간을 존중하고 반대로 당신이 그들의 시간을 존중할 수 있도록 그들과 시간을 거래해야 할 수도 있다. 아니면 당신이 그들의 도움을 필요로 할 수도 있다.

빌어야 한다면 빌어라. 거래를 해야 한다면 거래해라. 창의력을 발휘해야 한다면 창의력을 발휘해라. 그저 상황의 희생자가 되지만 마라. "도저히 할 수 없어."라는 제단 위에 자신의 시간을 제물로 바치지 마라. 어머니는 이렇게 말씀하셨다. "자기에게 제약이 있다고 믿으면 제약이 생긴다." 이것만은 절대 양보해선 안 된다. 곰곰이 생각하여 길을 찾아내라. 반드시 그래야 한다.

매일 자기만의 단 하나에 몰두하면 언젠가 놀라운 성과가 일어나게 되어 있다. 따라서 이 도둑에게 자신의 생산성을 빼앗기지 마라. 혼란에 대한 두려움을 넘어서서 그것에 대처하는 방법을 배워라. 그리고 단하나에 집중하다 보면 결국 원하는 곳에 이르게 될 것이라 믿어라.

신체적 에너지를 무시하지 마라

한 번은 이런 질문을 받은 적이 있다.

"자신의 몸을 보살피지 않는다면 나중에 그 몸 없이 어떻게 살 겁니까?"

그건 매우 현실적인 질문이었다. 당시 나는 간질성 방광염의 괴로운 부작용뿐 아니라, 콜레스테롤 저하제인 스타틴의 부작용으로 지속적으로 다리가 떨리는 문제에 시달리고 있었다. 집중력은 고사하고 기본적인 신체 활동을 할 능력마저 크게 떨어져 일상생활에서 어려움을 겪고 있었다. 의사가 내게 몇 가지 선택지를 주면서 뭘 원하느냐고 물었다. 내가 원하는 것은 나의 건강 습관을 바꾸는 것이었다. 그때 나는 남다른 성과의 가장 큰 교훈 중 하나를 발견했다.

개인의 에너지를 잘못 관리하는 것은 소리 없이 생산성을 앗아가는 무서운 도둑이라는 것이다.

몸속의 에너지를 잘 지키지 못해 미래의 힘을 자꾸 빌려 쓰게 되면 천천히 연료가 다 떨어져 버리거나, 너무 빨리 망가지고 마는 결과가 발생할 수 있다. 이런 경우는 어디에서나 흔히 찾아볼 수 있다. 단 하나의 힘을 이해하지 못하는 사람들은 너무나도 많은 일을 하려고 애쓴다. 그런데 그런 행동은 시간이 흐를수록 점차 효과가 떨어지게 되므로 결국 자기 자신과 끔찍한 거래를 맺게 되는 일이 벌어진다. 바로 자신의 건강을 희생하는 대가로 성공을 얻는 것이다. 그런 사람들은 늦게까지 일하고, 식사를 거르거나 대충 먹고, 운동을 전혀 하지 않는다. 건강과 가정생활을 희생시키는 것은 당연한 일이 된다. 목표를 달성하겠다는 생각에만 빠진 그들은 자기 몸을 해치는 것이 좋은 결과를 가져다줄 것이라 믿지만 그런 도박은 반드시 실패하게 되어 있다. 당신이 향후 한가한 시간에 느긋하게 즐길 수 있을 때까지 건강과 가정생활 두 가지가 얌전히 기다리고 있을 거라고 믿는다면 큰 오산이다.

높은 업적과 남다른 성과는 많은 에너지를 필요로 한다. 여기에서 관건은 그 에너지를 얻고 지키는 방법을 배우는 것이다.

그렇다면 어떻게 해야 하는가? 스스로를 정교한 생물학적 기계로 여기고 높은 생산성을 얻기 위해 매일 에너지 사용 계획을 세워라. 정신적 건강을 위해 명상과 기도로 하루를 시작하여, 자신의 목적을 상기하고 마음을 다잡는 것으로 아침을 열어라. 그런 다음 곧장 주방으로 가 하루 중 가장 중요한 식사를 하며 신체적 에너지의 기반을 쌓아라. 영양가 높은 아침식사는 하루 일을 하는 데 필요한 영양을 공급해 줄 것이다. 영양가 없는 음식으로는 오랫동안 달릴 수 없으며, 빈속으로는 아예 달릴 수 없다. 몸에 좋은 식품을 섭취할 수 있는 쉬운 방법들을 찾아내고 그런 다음 일주일씩 식단을 짜라.

연료를 채운 다음에는 운동을 통해 스트레스를 줄이고 몸을 단련시켜라. 몸을 훈련시키면 최고의 역량을 발휘할 수 있고, 이것이야말로 최고의 생산성을 내는 중요한 방법이다. 운동할 시간이 부족하다면 만보계를 차는 것도 좋다. 하루가 끝날 때까지 최소 1만 걸음을 걷지 않았다면 잠들기 전까지 1만 걸음을 채우는 것을 단 하나의 운동으로 삼아라. 이 하나의 습관이 당신의 삶을 바꿀 것이다.

아침 식사 시간이나 운동 시간에 가족들과 시간을 보내지 못했다면 그들을 찾아가 만나라. 안아 주고, 이야기하고, 함께 웃어라. 애초에 일을 하는 이유가 그들 때문임을 기억하게 됨과 동시에 일찍 집에 들어갈 수 있도록 최대한 생산성을 높이려는 동기가 샘솟을 것이다. 생산적인 사람들은 정서적 에너지를 연료로 더욱 활발히 움직인다. 그러한 기쁨이 그들의 마음을 가득 채우고 발걸음을 더욱 가볍게 한다.

그런 다음에는 달력을 가져다가 하루를 계획하라. 무엇이 가장 중요한지 확인하고 그 일들을 정확히 끝낼 수 있도록 하라. 그것을 하는 데 걸리는 시간을 대략 파악하여 그에 따라 시간을 계획하라. 이런 식으로 하루 계획을 짜면 어떤 일이 제대로 끝나지 않을지 걱정할 필요가 없어지고, 반드시 끝내야 할 일에 대해서는 더욱 의욕적으로 임할 수 있다. 남다른 성과를 위해 기꺼이 시간을 투자할 때에 비로소 탁월한 성과가 나타날 기회를 얻는 것이다.

출근해서는 자신의 단 하나를 위해 일하라. 당신도 나와 같다면 출근 하자마자 가장 먼저 끝내야 할 몇 가지 업무가 있을 것이다. 그렇다면 그 일들을 처리할 시간으로 최대 한 시간 정도 투자하라. 어정거리지도 말고 속도를 늦추지도 마라. 깔끔히 해치운 다음 곧장 자신에게 가장 중요한 일을 시작하라. 정오쯤에는 휴식을 취하면서 점심을 먹고, 퇴근 하기 전까지 처리할 수 있는 다른 모든 일에 주의를 집중하라.

마지막으로 퇴근한 뒤 잠들 시간이 되면 최소한 여덟 시간은 숙면을 취하도록 한다. 강력한 엔진은 다시 가동되기 전에 열을 식히고 충분히 쉴 시간이 필요하다. 당신도 다를 바가 없다. 정신과 신체가 푹 쉬고 재 충전하여 다음 날 더욱 생산성을 높일 수 있도록 잠을 자야 한다. 잠을 거의 자지 않고도 매일 거뜬히 일하는 사람은 정상이 아니거나 그로 인 한 피로를 숨기고 있는 것뿐이다. 둘 중 어떤 경우든 그런 사람은 당신 의 역할 모델이 아니다. 매일 밤 잠자리에 드는 시간을 정해 두고 무슨 일이 있어도 그것을 지켜라.

아직 할 일이 너무 많아 잠을 줄이는 것 말고는 다른 수가 없다는 생 각이 든다면, 지금 당장 책 읽기를 멈추고 맨 앞장으로 되돌아가 처음부터 다시 읽어라. 중간에 중요한 부분을 놓친 것이 분명하다. 충분한 수면과 성공에 연관 관계가 있음을 깨달았다면 제때 일어나고 잠들 수 있을 것이다.

생산성 높은 사람의 일간 에너지 계획

1. 정신적 건강을 위해 명상하고 기도한다.
2. 신체적 에너지를 위해 건강하게 먹고, 운동하고, 충분히 잔다.
3. 정서적(emotional) 에너지를 위해 사랑하는 이들과 포옹하고, 키스하고, 함께 웃는다.
4. 정신적(mental) 에너지를 위해 목표를 세우고, 계획을 짜고, 달력에 표시한다.
5. 업무적 에너지를 위해 단 하나를 위한 시간을 따로 마련해 둔다.

이러한 계획을 통한 생산성 향상의 비결은 다음과 같다. 오전 시간을 에너지 보충에 투자하면 별다른 노력을 기울이지 않아도 남은 하루를 잘 버텨 낼 수 있다. 하루 종일 완벽한 하루를 보내는 데 초점을 맞출 것이 아니라 매일 아침 활기찬 시작을 하는 데 전념하라. 정오까지 생산성 높은 시간을 보낼 수 있다면 나머지 시간도 자연스럽게 따라올 것이다. 이것이야말로 긍정적 에너지가 긍정적 추진력을 만들어 내는 대표적인 예다. 오전을 잘 구성하는 것이 곧 남다른 성과를 낼 수 있는 가장 쉬운 길이다.

환경을 내 편으로 만드는 법

내가 코칭을 시작한 지 얼마되지 않았을 무렵, 십 대 자녀 둘을 둔 기혼 여직원이 내 앞에 앉아 울음을 터뜨린 적이 있었다. 그녀의 가족들은 그녀가 일하는 것을 지지한다고 했다. 단, 가정에서 아무런 변화가 일어나지 않아야 한다는 조건이었다. 식사 시간, 아이들 등교 등 아무리 사소한 것이라도 가정생활과 관련된 것은 아무런 변동이 없어야 했다. 그녀도 그에 동의했다. 하지만 나중에 가서야 그것이 얼마나 불공정한 약속이었는지 알게 되었다. 그녀의 말을 듣고 있다가 문득 그것이야말로 모든 사람이 간과하고 있는 생산성 도둑이라는 사실을 깨달았다.

성공하려면 주변 환경이 당신의 목표 달성을 도와줘야 한다.

당신의 환경은 간단히 말해 당신이 매일 만나는 사람과 매일 경험하는 일들을 뜻한다. 당신은 이런 환경적 요소들을 꽤 당연한 것으로 받아들이지만 주의할 점이 있다. 이들이 누구든, 무엇이든, 언제든, 가장 중요한 일로부터 당신의 집중력을 빼앗아 가고 코앞에서 생산성을 훔쳐 가는 도둑이 될 수 있다는 것이다. 남다른 성과를 올리려면 당신을 둘러싼 사람들과 주변 환경이 당신의 목표 달성을 도와야 한다.

주변 사람들의 역할은 생각보다 중요하다. 사람들과 함께 일하고, 어울리고, 단순히 주변에 있는 것만으로도 그들의 태도 중 일부를 모방하게 될 가능성이 높다는 것은 이미 증명된 사실이다. 가족이나 친구, 직장 동료들이 개인적으로나 업무적으로 긍정적인 마음을 가지고 있지

그림 33 │ 생산성을 높이는 주변 환경으로 당신의 단 하나를 흔들리지 않게 하라.

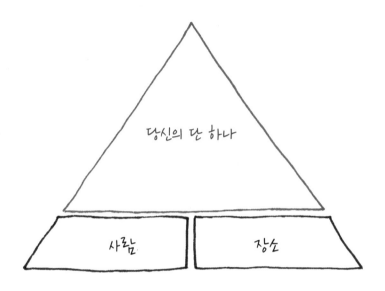

않다면 그런 부정적 영향 중 일부가 당신에게 전달된다. 태도와 마음가짐은 전염성이 높아 쉽게 다른 사람에게 옮겨진다. 스스로 아무리 강한 사람이라고 자부해도 다른 사람들의 부정적 영향력을 영원히 피할 수 있을 정도로 강한 사람은 없다. 앞서 '한 사람'의 중요성을 잘 알고 있는 오프라 윈프리 역시 "당신을 더욱 높은 곳까지 끌어올려 줄 사람으로 주변을 채워라."라고 말했다. 자신에게 유익한 사람들로 주변을 채우는 것이야말로 우리가 반드시 해야 할 일이다.

누구와 어울리느냐는 건강 습관에도 심각한 영향을 미친다. 하버드 대학교의 니컬러스 크리스태키스 교수와 캘리포니아 대학교의 제임스 파울러 부교수는 사회적 관계망이 우리의 행복에 미치는 영향을 연구했다. 그들은 《행복은 전염된다》(Connected)라는 책을 통해 약물 남용, 불면증, 흡연, 음주, 식이장애, 심지어 행복이 우리의 인간관계와 어떤 관계가 있는지 추적했다. 예를 들어 그들의 2007년 연구 자료를 보면 친한 친구가 비만이 되면 당신도 그렇게 될 가능성이 57퍼센트나 높아진다고 나와 있다. 왜 그럴까? 인간은 자주 보는 사람들의 모습과 행동을 바탕으로 자신의 판단 기준을 세우기 때문이다.

시간이 흐르면서 우리는 자주 어울리는 사람과 비슷하게 생각하고, 행동하고, 심지어 겉모습까지 닮는다. 우리에게 영향을 주는 건 그들의 태도와 건강 습관뿐만이 아니다. 그들의 상대적인 성공도 우리에게 영향을 미친다. 함께 시간을 보내는 사람들이 높은 성과를 올린다면 그들의 업적이 당신의 업적에도 영향을 줄 수 있다. 심리학회지인 《사회적 발달》(Social Development)에 실린 한 연구에 따르면 '베스트 프렌드'를 둔 청소년 500여 명 중, 학업 성적이 높은 학생들과 친분 관계를 세우고 유지한 아이들은 자신의 성적 역시 향상되는 것을 경험했다. 게다가 학업 성적이 높은 친구를 둔 학생들은 학습 동기나 학습 성과 면에서도 혜택을 본 것으로 밝혀졌다. 성공을 추구하는 사람들과 어울리면 분명 그들이 당신의 동기를 더욱 강화시키고 성과 역시 긍정적인 방향으로 이끌 것이다.

나쁜 친구들과 어울리지 말라던 어머니의 말씀은 옳았다. 홀로 성공하는 사람도 없고, 홀로 실패하는 사람도 없다. 주변 사람들에게 관심을 기울여라. 당신의 목표를 지지해 줄 사람들을 찾고, 그렇지 않은 사람들을 멀리하라. 당신의 삶 속에 자리한 사람들은 당신에게 막대한 영향력을 미칠 것이다. 어쩌면 당신이 생각하는 것보다 훨씬 더 강력한 힘을 발휘할 수도 있다. 발휘하는 영향력에 따라 그들을 대접하고, 그들이 당신을 원하는 방향으로 이끌어 줄 수 있도록 만들어라.

힘이 되는 환경을 만드는 데 있어 사람이 첫 번째 우선순위라면 그 다음은 장소다. 물리적 환경은 당신이 해야 할 단 하나를 성공적으로 실행하는 데 있어 아주 중요한 역할을 한다. 잘못된 환경은 당신을 영영 원하는 곳에 이르지 못하게 할 수도 있다. 당신의 환경이 주의력을 흩트리는 것들로 가득 차 있어서 일을 시작하기도 전에 해서는 안 될 일을 하게 만든다면, 당신은 결코 가야 할 곳에 이르지 못할 것이다. 살을 빼려고 애쓰는 와중에 매일 초콜릿으로 장식된 복도를 걸어야 한다고 상상해 보라. 어떤 사람은 쉽게 유혹을 이겨낼 수 있을지 몰라도 대부분의 사람들은 초콜릿에 손을 뻗고 말 것이다.

무엇이 당신 주위를 둘러싸고 있느냐에 따라 당신은 단 하나의 일을 하기 위해 정해 둔 시간에 가까워질 수도 있고, 멀어질 수도 있다. 그러니 예행연습을 한 번 해봐라. 당신이 매일 지나는 길을 따라 걸으면서 맞닥뜨리는 시각과 청각 도둑들을 모두 제거하라. 내가 집에 있을 때 경험하는 도둑들은 아침 신문과 뉴스, 이메일, 개를 산책시키는 이웃들이다. 모두 좋은 것이긴 하지만 나의 단 하나를 완수하는 데 있어서는 전혀 도움이 되지 않는다. 그래서 나는 재빨리 이메일 계정에서 로그아웃 하고, 절대 신문을 읽지 않으며, 출근하는 경로를 공들여 정한다. 직장에서는 커피를 마시는 곳과 사내 게시판을 피한다. 그런 것들은 일과 후로 미뤄도 된다. 내가 배운 것은 이렇다. 성공으로 가는 길을 깨끗이 치워 둘 때 비로소 일관되게 성공에 이를 수 있다.

정신이 팔릴 만한 곳에 스스로를 놔두지 마라. 당신의 물리적 환경도 중요하고, 주변 사람들도 중요하다. 자신의 목표 달성을 돕지 않는 환경 때문에 괴로워하는 사람은 너무나도 흔하다. 그리고 안타깝게도 이것이 생산성을 빼앗아가는 가장 흔한 도둑이기도 하다. 배우이자 코미디언 릴리 톰린이 말한 것처럼 "성공으로 가는 길은 언제나 공사 중이다." 그러니 단 하나로 이르는 과정에서 우회로로 빠지지 않도록 주의하라. 좋은 사람들과 좋은 환경으로 성공에 이르는 길을 닦아라.

THE ONE THING
핵심 개념

1. '아니오'라고 말해라. 무언가에 승낙을 하는 건 다른 모든 것을 거절하는 것과 같다는 사실을 명심하라. 그 무엇도 자신의 최고 우선순위를 지키는 데 방해가 되어선 안 된다. 거절하는 법을 배우면 자유로워질 수 있다. 그것이 바로 자신의 단 하나를 위한 시간을 찾는 길이다.

2. 혼란을 받아들여라. 자신의 단 하나를 추구하다 보면 다른 일들이 미뤄질 수 있음을 인정하라. 제대로 마무리 짓지 않은 일들이 마치 올가미처럼 나를 붙들고 길을 막는 것처럼 보일 수 있다. 하지만 이런 유형의 혼란은 피할 수 없으니 그것을 인정하고 받아들여라. 그리고 그에 대처하는 방법을 배워라. 단 하나를 성취하면서 이룬 성공이 곧 당신이 올바른 결정을 내렸음을 증명할 것이다.

3. 에너지를 관리하라. 너무 많은 일을 하려 애쓰다가 건강을 해쳐선 안 된다. 우리의 몸은 정교한 기계와 같지만 품질 보증이 없어서 쓰다가 교환할 수도 없고, 고치려면 돈이 아주 많이 든다. 반드시 해야 할 일을 하고, 살고 싶은 삶을 살려면 에너지 관리가 매우 중요하다.

4. 주변 환경을 스스로 관리하라. 자신을 둘러싼 사람들과 물리적 환경을 목표 달성에 도움이 되도록 바꿔라. 우리 삶 속의 유익한 사람들과 매일 가는 길에 마주치는 올바른 물리적 환경은 당신이 단 하나를 이루도록 도와줄 것이다.

18

위대함으로 가는
변화의 시작

너무 멀리 가는 위험을 무릅쓰는 사람만이
자신이 얼마나 멀리 갈 수 있는지 알아낼 수 있다.
— T. S. 엘리엇(영국의 시인)

'한 번에 한 걸음씩'이라는 표현은 진부할지 몰라도 영원한 진리다. 목표가 무엇이든, 목적지가 어디든, 자신이 원하는 어딘가로 가는 여정은 언제나 한 걸음으로 시작한다.

그 걸음을 바로 단 하나라 부른다.

지금부터 한 가지 해주었으면 하는 일이 있다. 눈을 감고 자신의 삶을 최대한 크게 상상해 본다. 지금까지 꿈꿨던 그 무엇보다도 크게 말이다. 보이는가?

자, 이제 눈을 뜨고 다음을 잘 읽어 주길 바란다. 당신이 무엇을 보았든, 당신에게는 그곳을 향해 움직일 수 있는 역량이 있다. 그리고 당신이 목표로 하는 것이 상상할 수 있을 만큼 거대할 때, 당신은 아주 큰 삶을 살게 될 것이다.

크게 사는 것은 그렇게나 간단하다.

다른 한 가지 방법을 알려 주겠다. 현재의 소득을 종이에 적어라. 그런 다음 거기에 아무 숫자나 곱해라. 2, 4, 10, 20…… 아무것이나 상관없다. 그저 하나를 골라 현재 소득에 곱한 다음 그렇게 나온 숫자를 다시 적어라. 그 숫자를 바라보면서 겁이 나든, 흥분이 되든 일단 그 감정을 무시하고 스스로에게 이렇게 물어라. "지금 내가 하고 있는 행동들이 향후 5년 내에 내게 이 금액의 소득을 가져다주겠는가?" 그렇다는 답변이 나왔는가? 그러면 그렇지 않겠다는 답변이 나올 때까지 계속 거기에 2를 곱해라. 그런 다음 행동이 위의 질문에 맞도록 행동을 수정하라. 그러면 크게 살 수 있다.

개인 소득은 하나의 예에 불과하다. 이러한 사고방식은 당신의 정신적 행복, 건강한 신체, 개인적 인간관계, 커리어나 업적, 사업적 성공을 비롯해 당신에게 중요한 것이라면 어디에든 적용할 수 있다. 사고의 한계를 높이면 삶의 한계 역시 넓힐 수 있다. 더 큰 삶을 상상할 때에만 큰 삶을 가질 수 있는 희망이 생긴다.

문제는 최대한 큰 삶을 살려면 생각만 크게 하는 것이 아니라 거기에 이르는 데 필요한 행동을 취해야 한다는 것이다.

남다른 성과를 얻으려면 단 하나를 파고들어야 한다.

초점을 최대한 작게 맞추면 사고가 단순해지고 무엇을 해야 하는지가 뚜렷하게 보인다. 얼마나 크게 생각하든, 거기에 이르기 위해 필요한 일을 하려면 언제든 작은 초점에서부터 시작해야 한다는 사실을 깨닫게 될 것이다. 오래전, 나는 땅에 사과나무 한 그루를 심고 싶었다. 그런데 여기저기 수소문해 보니 완전히 자란 나무는 살 수가 없었다. 내가 선택할 수 있는 유일한 길은 작은 묘목을 사서 크게 키우는 것이었다. 크게 생각할 수는 있지만 작게 시작하는 것 말고는 다른 도리가 없는 것이다. 그래서 나는 그렇게 했고, 5년 뒤 첫 사과를 얻었다. 처음부터 크게 생각한 덕분에 무슨 일이 벌어졌을까? 맞다. 나는 한 그루만 심은 게 아니었다. 이제 우리는 과수원을 갖게 되었다.

당신의 삶도 이와 같다. 완전히 성숙한 것을 처음부터 손에 넣을 수는 없다. 당신이 손에 넣을 수 있는 것은 작은 것과 그것을 크게 키울 수 있는 기회뿐이다. 작게 생각하면 당신의 삶도 작은 상태로 머물 것이다. 하지만 크게 생각하면 당신의 삶이 크게 자랄 기회가 생긴다. 선택은 당신의 몫이다.

행동은 행동을 바탕으로 만들어진다. 습관은 습관 위에 쌓인다. 성공도 성공을 바탕으로 이루어진다. 제대로 세운 도미노는 그다음 것, 그리고 그다음 것을 연달아 넘어뜨리게 되어 있다. 그러니 남다른 성과를 원할 때마다 도미노 넘어뜨리기를 시작하게 할 바로 단 한 가지의 행동을 찾아라. 커다란 삶은 연쇄 반응의 물결을 타고 만들어진다. 성공을 목표로 할 때 중간 과정을 모두 건너뛰고 바로 결론에 이를 수 없다는 말이다. 남다른 성과는 그런 식으로 창출되지 않는다. 당신이 매일, 매주, 매달 그리고 매년 단 하나를 위해 살 때 축적되는 지식과 가속도가 곧 남다른 삶을 살 수 있는 능력을 준다. 하지만 이것은 그냥 일어나는 법이 없다. 당신 스스로가 일어나게 만드는 방법 외에는.

어느 저녁, 한 체로키 인디언 장로가 손자에게 모든 사람의 마음속에서 벌어지는 다툼에 대한 이야기를 들려주었다. 그가 말했다.

"아이야, 그 싸움은 우리 마음속에 있는 두 마리 늑대 사이에서 벌어진다. 하나는 두려움이지. 놈은 불안과 걱정, 불확실성, 머뭇거림, 주저함 그리고 대책없음을 가지고 다닌다. 다른 한 늑대는 믿음이라고 한다. 그 늑대는 차분함과 확신, 자신감, 열정, 단호함, 흥분, 그리고 행동을 불러온단다."

그 말을 들은 손자가 잠시 생각하더니 쑥스러운 듯 할아버지에게 물었다.

"그럼 둘 중에서 어느 늑대가 이겨요?"

그러자 할아버지가 대답했다.

"바로 네가 먹이를 주는 늑대란다."

남다른 성과로 가는 길은 다른 무엇보다도 믿음을 바탕으로 다져진다. 자신의 목적의식과 우선순위를 믿을 때에만 비로소 단 하나를 추구할 수 있다. 그리고 자신의 단 하나에 대한 확신이 들면 그 일을 행하기 전에 가졌던 그 어떤 망설임도 이겨 낼 힘이 생길 것이다. 믿음은 결과적으로 행동으로 이어지고, 행동을 함으로써 우리는 지금까지 한 모든 일을 약화시키거나 제자리로 돌려놓을 '그것'을 피하게 된다. 그것은 바로 '후회'다.

오래된 미래가 건네는 조언

"앞으로 20년 뒤 당신은 한 일보다 하지 않은 일을 후회하게 될 것
이다. 그러니 배를 묶은 밧줄을 풀어라. 안전한 부두를 떠나 항해하
라. 무역풍을 타라. 탐험하고, 꿈꾸고, 발견하라."

– 마크 트웨인

매일 아침 눈을 떠서 단 하나를 위한 행동을 해야 할 이유가 또 있다.
가치 있는 삶으로 가는 길에서 자신에게 가장 중요한 일을 성공시키기
위해 최선을 다하면 성공과 행복이라는 보상뿐 아니라 그보다 더 귀한
무언가를 선물로 받게 된다.

바로 후회하지 않는 삶이다.

과거로 돌아가 열여덟 살의 자신과 이야기를 나눌 수 있다면, 미래로
가 여든 살의 자신을 만날 수 있다면 누구로부터 조언을 듣고 싶은가?
참으로 흥미로운 문제다. 나라면 여든 살의 나를 택할 것이다. 뒤를 돌
아보면 더 길고 넓은 렌즈를 통해 얻은 지혜가 따라올 것이다.

그렇다면 나이 들고 더 현명한 당신은 뭐라고 말할 것 같은가? "삶을

즐겨라. 두려워하지 말고 온전히 살아라. 목적의식을 가지고, 거기에 모든 걸 바치고, 절대 포기하지 마라."라고 하지 않을까. 노력 역시 중요하다. 노력이 없다면 결코 닿을 수 있는 최고 수준까지 올라갈 수 없기 때문이다. 성취도 중요하다. 성취가 없다면 자신의 진정한 잠재력을 절대 경험하지 못할 것이기 때문이다. 목적의식의 추구 또한 중요하다. 그렇게 하지 않으면 오래도록 지속되는 행복을 절대 느끼지 못할 것이기 때문이다. 이 모든 것들이 진실하다는 믿음을 가지고 길을 나서라. 가치 있는 삶을 살아라. 그러면 결국에는 "다르게 살았으면 어땠을까." 대신 "이렇게 살아서 기쁘다."라고 말하게 될 것이다.

'다르게 했으면 어땠을까', '다르게 할 수 있었는데', '다르게 했어야 했는데' 같은 생각을 하며 살기에 삶은 너무나도 짧다. 가치 있는 삶을 측정하는 방법에는 여러 가지가 있겠지만 그중에서도 가장 확실한 것은 그 삶에 후회가 얼마나 있느냐를 알아보는 것이다.

이러한 내용을 깨달은 것은 삶을 가장 명확히 이해한 사람이 누구이겠냐는 질문을 스스로에게 던졌을 때였다. 죽음에 다다른 사람이 그러하리라는 생각이 들었다. 끝을 염두에 두고 시작하는 것이 현명한 접근법이라면, 삶을 어떻게 살아야 하느냐에 대해 단서를 찾기 위해 죽음을 생각하는 것보다 더 좋은 방법은 없을 것이다. 이제 뒤를 돌아보는 것말고는 더 이상 할 일이 남아 있지 않은 사람이라면 전진하는 방법에 대해 내게 어떤 말을 들려줄지 궁금했다. 그들의 목소리는 참으로 놀라웠다. 그리고 해답은 단순했다. 삶의 끝에서 후회하지 않을 삶을 살라는 것이었다.

어떤 후회를 말하는 것인가? 나 같은 경우 지금까지 손수건이 필요한 것은 고사하고 눈물을 흘리게 만든 책이 거의 없었다. 그런데 브로니 웨어의 2012년 작품 《내가 원하는 삶을 살았더라면》(The Top Five Regrets of the Dying)은 그야말로 손수건으로 눈물을 훔쳐 가며 읽어야 했다. 저자 웨어는 죽음을 앞둔 사람들을 돌보는 일을 하며 오랜 시간을 보냈다. 그녀가 그들에게 후회가 있는지, 다르게 살았더라면 하고 바라는 일이 있는지 물었을 때 그들이 가장 많이 꼽은 다섯 가지 후회는 다음과 같았다. "더 행복해질 수 있었는데 그러지 못했다." "친구들과 자주 연락하며 살았어야 했다." "나의 감정을 솔직하게 표현할 용기가 있었더라면." "그렇게 열심히 일할 필요가 없었다." 그들은 행복도, 우정도, 자신의 감정에 솔직할 수 있는 것도 모두 자신의 선택임을 뒤늦게 깨달았다.

위의 것들 모두가 뼈아픈 후회지만 그중에서도 단연 두드러지는 것이 하나 있었다. 그들이 공통적으로 이야기했던 가장 큰 후회는 바로 "다른 사람의 기대에 부응하는 삶이 아닌 나 자신에게 솔직한 나만을 위한 삶을 살 용기가 부족했다."라는 것이었다. 웨어는 이렇게 썼다. "대부분의 사람들은 자기 꿈의 반도 이루지 못했고, 그것이 자신이 내린 혹은 내리지 않은 선택들 때문이었다는 것을 깨달은 채 죽어야 했다."

이렇게 생각한 것은 웨어뿐만이 아니다. 1994년 미국의 심리학자 길로비치와 메드벡이 대대적으로 실시한 '후회의 심리학'(The Experience of Regret) 연구에서 내린 결론은 이러했다. "사람이 자신의 삶을 되돌아볼 때 가장 큰 후회를 일으키는 것은 그들이 하지 않은 일들이다. …… 처음에는 어떤 행동이 문제를 일으키는 것처럼 보일지 몰라도 장기적으로 가장 큰 후회를 남기는 것은 바로 하지 않은 행동이다."

그러니 후회 없이 살아라.

매일 자신에게 가장 중요한 일을 하도록 해라. 무엇이 가장 중요한지 알 때 모든 일이 이치에 닿는다. 무엇이 가장 중요한지 모른다면 말도 안 되는 것들을 옳다고 판단하고 행동하게 된다. 최고의 삶은 그렇게 만들어지지 않는다.

당신이 바로 첫 번째 도미노다

그렇다면 어떻게 후회 없는 삶을 살 것인가? 그것은 남다른 성과를 위한 여정을 시작하는 방식과 같다. 목적의식, 우선순위, 높은 생산성을 추구하라. 후회를 반드시 피해야 하고 또 그렇게 할 수 있다는 사실을 명심하라. 당신의 모든 일 중 단 하나의 일을 가장 중요하게 생각하고 당신의 모든 시간에서 단 하나를 위한 시간을 맨 위에 두어라. 그리고 이 모두를 한 걸음부터 시작하라.

다음의 들려주는 이야기에서 우리는 어떻게 시작해야 하는지 알 수 있다.

어느 날 저녁, 어린 소년이 아버지의 무릎 위에 올라앉아 이렇게 속삭였다. "아빠, 우리가 함께 보내는 시간이 너무 없어요." 아들을 매우 사랑하고 이 사실을 잘 알고 있던 아버지가 이렇게 대답했다. "네 말이 맞다. 정말 미안하구나. 내일이 토요일이니 하루 종일 같이 보내면 어떨까? 너랑 나 둘이서만 말이야!" 그렇게 계획이 세워졌고 아이는 아버지와 함께 보낼 하루에 대해 온갖 신나는 상상을 하며 잠이 들었다.

다음 날 아침 아버지는 평소보다 일찍 일어났다. 아들이 깨어 얼른 나가자고 성화를 부리기 전에 커피를 마시며 느긋하게 신문을 읽고 싶어서였다. 신문 경제면에 푹 빠져 있던 아버지는 아들이 신문을 확 잡아당기며 "아빠, 저 일어났어요. 얼른 놀아요!"라고 소리치자 깜짝 놀라고 말았다.

아버지는 아들이 자신과의 하루를 고대하며 일찍 일어났다는 점이 기쁘기도 했지만 한편으로는 자기만의 아침 시간을 조금만 더 즐기고 싶었다. 그래서 재빨리 머리를 굴려 좋은 생각을 짜냈다. 그는 아들을 꽉 껴안아 주고는, 첫 번째 게임으로 함께 퍼즐을 맞추고, 그것을 다 맞춘 다음에는 밖으로 나가서 하루 종일 놀자고 하였다.

신문을 읽다가 한 면이 세계의 사진으로 꽉 찬 광고였음을 떠올린 아버지는 그 면을 찾아내어 잘게 자르고는, 식탁 위에 펼쳐 놓았다. 그런 다음 테이프를 가져와 아들에게 이렇게 말했다. "네가 이 퍼즐을 얼마나 빨리 맞추는지 보고 싶구나." 아이는 신이 나서 퍼즐에 달려들었고, 아버지는 시간을 조금 벌게 되었다고 생각하고 다시 신문에 정신을 몰두했다.

그런데 몇 분도 채 지나지 않아 아이가 다시 아버지의 신문을 잡아당기며 자랑스레 소리쳤다. "아빠, 다 했어요!" 아버지는 깜짝 놀랐다. 자기 앞에 처음 광고지 그대로, 한 조각도 어긋나지 않은 완벽한 그림이 완성되어 있는 것 아닌가. 놀란 아버지가 물었다. "대체 어떻게 그리 빨리 맞췄니?"

아이가 한껏 미소를 지었다. "쉬웠어요, 아빠! 사실 처음에는 맞출 수가 없어서 포기하려고 했어요. 정말 어려웠거든요. 그러다가 종이 조각 하나를 바닥에 떨어뜨렸어요. 종이를 주우려고 몸을 구부렸는데, 식탁 상판이 유리로 되어 있잖아요? 밑에서 보니 신문 뒷면에 사람 사진이 있더라고요. 거기에서 아이디어를 얻었죠! 사람을 맞추면 세상이 저절로 맞춰지겠구나! 하고 말이에요."

이 이야기를 들은 건 내가 십 대였을 때였다. 그리고 그 이후로 그 이야기를 잊을 수가 없었다. 나는 머릿속에서 수시로 그 이야기를 떠올렸고, 궁극적으로 그것은 나의 삶에서 하나의 중심 주제가 되었다. 나를 사로잡고 이제까지 내 기억에 남은 건 바로 아들의 창의적인 해결책이었다. 아이는 더 심오한 비밀을 발견했다. 삶에 대한 단순하고도 더 직접적인 접근법 말이다. 그것은 우리가 개인적으로나 직업적으로 맞닥뜨리는 모든 문제를 해결할 출발점이기도 하다. 스스로 가능한 최고의 수준에서 남다른 성과를 올리려면 우리가 반드시 이해해야 하는 단 하나. 의심의 여지도, 의문의 여지도 없는 단 하나.

성공은 내면에 있다는 것이다.

사람, 즉 스스로를 바로 세워라. 그러면 세상이 저절로 제자리를 찾을 것이다. 삶에 목적의식을 가지고, 매일 자신에게 가장 중요한 우선순위에서 높은 생산성을 올릴 수 있다면 당신의 삶도 조각이 맞춰지는 것은 물론 위대한 성과가 가능해진다.

모든 성공은 당신 내면에서부터 시작된다. 무슨 일을 해야 할지 알 것이다. 어떻게 해야 할지도 알 것이다. 다음 단계는 단순하다.

당신이 바로 첫 번째 도미노다.

부록

단 하나를
실생활에 적용하는 방법

어물거리면 백해무익한 법.
— 윌리엄 셰익스피어(영국의 극작가)

자, 그러면 이제부터 어떻게 하면 좋을까?

책을 다 읽었고 이해도 했다. 이제 남다른 성과를 경험할 준비가 되었다. 그러면 이제부터 어떻게 해야 할까? 단 하나의 힘을 가장 크게 이끌어 낼 방법은 무엇인가? 책의 핵심 내용을 뒤돌아보고 단 하나를 활용할 수 있는 방법들을 살펴보자.

간결하게 읽을 수 있도록 아래에 초점탐색 질문을 짧게 써 놓았다. 그러니 각 문장에는 "그 일을 함으로써 다른 모든 일을 더욱 쉽거나 불필요하게 만들……."이라는 표현이 함축되어 있음을 잊지 말기 바란다.

개인적인 삶

단 하나의 힘을 빌려 삶의 핵심적 부분들을 더욱 뚜렷이 보도록 하자. 여기 몇 가지 예가 있다.

- 내 삶의 목적의식을 발견하거나 확인하기 위해 이번 주에 할 수 있는 단 하나는 무엇인가?
- 내가 원하는 몸매를 얻기 위해 90일 안에 할 수 있는 단 하나는 무엇인가?
- 나의 정신적 행복과 편안한 마음을 위해 오늘 할 수 있는 단 하나는 무엇인가?
- 하루 20분의 기타 연습 시간을 만들기 위해 할 수 있는 단 하나는 무엇인가? 90일 내에 골프에서 다섯 타를 줄이기 위해서는? 6개월 안에 그림을 배우기 위해서는?

당신의 가족

행복하고 화목한 가족 관계를 위해서도 단 하나를 이용한다. 여기 몇 가지 예가 있다.

- 부부 관계를 개선하기 위해 이번 주에 할 수 있는 단 하나는 무엇인가?
- 온 가족이 더욱 의미 있는 시간을 보내기 위해 매주 할 수 있는 단 하나는 무엇인가?
- 아이의 숙제를 도와주기 위해 오늘 밤에 할 수 있는 단 하나는 무엇인가?
- 다음 휴가를 최고의 휴가로 만들기 위해 할 수 있는 단 하나는 무엇인가? 다음 크리스마스를 최고의 크리스마스로 만들려면?

당신의 업무

단 하나의 정신을 이용해 자신의 직업적 삶을 다음 단계로 높여 보자. 여기 쓸 수 있는 몇 가지 예가 있다.

- 현재 프로젝트를 일정보다 먼저 끝내기 위해 오늘 할 수 있는 단 하나는 무엇인가?
- 더 나은 업무 성과를 내기 위해 이번 달에 할 수 있는 단 하나는 무엇인가?
- 원하는 만큼 연봉을 올리기 위해 다음 번 인사평가 전까지 할 수 있는 단 하나는 무엇인가?

- 일을 모두 마치고 제 시간에 퇴근하기 위해 매일 할 수 있는 단 하나 는 무엇인가?

당신의 팀

단 하나의 정신을 동료들에게도 적용하라. 관리자든, 임원이든, 심지어 사장이든 단 하나의 정신을 업무 상황에 매일 적용시키면 생산성을 높 일 수 있다. 여기 몇 가지 예가 있다.

- 어떤 회의에서든 이렇게 물어라. "이 회의를 빨리 끝내면서도 합의 를 얻을 수 있는 단 하나는 무엇인가?"
- 팀워크를 강화시킬 때 이렇게 물어라. "훌륭한 인재를 찾고 개발하 기 위해 향후 6개월 동안 할 수 있는 단 하나는 무엇인가?"
- 다음 달, 내년, 혹은 5년 뒤를 계획할 때 다음과 같이 물어라. "목표 를 일정보다 빨리, 예산보다 적은 돈을 들여 달성하기 위해 지금 당 장 할 수 있는 단 하나는 무엇인가?"
- 부서의 직원들에게나 최고 임원들에게 이렇게 물어라. "단 하나 문 화를 만들기 위해 앞으로 90일 동안 할 수 있는 단 하나는 무엇인 가?"

이것은 여러 가능성을 떠올릴 수 있게 하는 예에 불과하다.

단 하나를 실행에 옮기기 위해 다른 사람들을 설득하고 있다면 그들에게 이 책을 한 권씩 선물하는 것도 좋은 방법이다. 스스로 깨달음을 얻었던 순간을 나누는 것도 좋은 출발점이 될 수 있다. 다른 사람들이 각자 책을 읽고 난 다음에 들려주는 그들만의 통찰에 놀라게 될지도 모른다.

단 하나를 자신의 삶이나 주변 사람들의 삶에서 새로운 습관으로 만들려면 단순히 책을 한 번 읽고 몇 번 토론을 하거나 회의에서 이 내용을 언급하는 것만으로는 부족하다는 사실을 명심하기 바란다. 새로운 습관을 형성하려면 66일이 걸린다는 것을 이 책을 통해 이미 알고 있지 않은가. 그러니 그에 따라 접근하라. 삶에 불을 붙이려면 불꽃이 만들어질 때까지 인내심을 가지고 단 하나에 집중해야 한다.

단 하나가 진정한 차이를 만들어 낼 수 있는 다른 분야들도 살펴보도록 하자.

당신이 가담한 비영리 단체

- 매년 필요한 비용을 대기 위해 할 수 있는 단 하나는 무엇인가? 전보다 두 배로 많은 사람들에게 도움을 주려면? 자원봉사자 수를 두 배로 늘리려면?

당신의 종교

- 종교 활동을 개선하기 위해 할 수 있는 단 하나는 무엇인가? 출석률을 최대로 높이려면? 모금 목표액을 달성하려면?

당신의 공동체

- 공동체 의식을 높이기 위해 할 수 있는 단 하나는 무엇인가? 거동이 불편한 사람들을 도우려면? 자원봉사의 참여도를 두 배로 높이려면? 투표율을 두 배로 높이려면?

언젠가 나의 아내 메리에게 무언가를 해달라고 부탁한 적이 있었다. 아내는 이 책을 읽고 난 후였다. 그때 아내가 날 쳐다보고 뭐라고 했는지 아는가? "여보, 그건 내가 지금 당장 해야 할 단 하나가 아닌데요?" 그 말에 우리는 웃음을 터뜨리고 하이파이브를 했다. 그리고 아내에게 부탁하는 대신 내가 직접 그 일을 했다.

단 하나의 정신을 적용하면 크게 생각하고, 일들을 처리하면서 목록을 만들고, 등비수열과 같은 반응이 일어나도록 그 목록에 우선순위를 정하고, 그런 다음 가장 첫 번째 일부터 덤벼들게 된다. 당신의 도미노 넘어뜨리기를 시작할 단 하나인 셈이다.

그러니 이제부터 새 삶을 살 준비를 해라! 그리고 남다른 성과를 이루는 비결은 작지만 핵심이 되는 단 하나의 행동으로 당신을 이끌 아주 크고도 구체적인 질문임을 명심하라.

모든 일을 다 하려다가는 아무것도 하지 못하게 된다. 그저 단 하나만, 올바른 단 하나만 하려고 애쓰면 이제껏 원했던 모든 것을 갖게 될 것이다.

그러니 망설이지 말고 당장 시작하라. 자신에게 이렇게 물어라. "다른 모든 일을 더 쉬워지거나 필요 없게 만들, 지금 당장 시작할 수 있는 내 인생의 단 하나는 무엇인가?"

이제 남은 건 전진뿐이다.

●

감사의 말

●

우리는 2008년 여름 처음 이 책의 개요를 작성하기 시작해 2012년 6월 1일에 1차 원고를 출판사에 보냈다. 많은 이들의 도움, 그것도 큰 도움이 없었더라면 결코 해내지 못했을 4년의 여정이었다.

일단 가족이 먼저다. 아내 메리와 아들 존의 사랑과 뒷받침이 없었다면 이 책은 결코 이렇게 나오지 못했을 것이다. 나의 집필 파트너 제이 역시 그의 아내 웬디와 아이들 거스와 베로니카에게 감사를 보낸다. 배우자, 특히 우리 아내들처럼 현명하고 글 읽기 좋아하는 아내들은 결점도 많고 온갖 오탈자가 난무하는 초고를 연거푸 읽어야 하는 고되고 생색나지 않는 일들을 많이 하게 된다. 정말로 고마운 일이 아닐 수 없다.

또한 우리는 훌륭한 지원팀의 도움을 많이 받았다. 비키 루카칙과 카

일라 메이지는 우리가 소화하는 데만도 반 년 가까이 걸린 어마어마한 조사 결과물을 안겨 주었다. 발레리 보글러 스타이프와 새라 짐머만은 자신의 단 하나를 충실히 이행하여 우리가 이 책에 집중할 수 있도록 우리의 책상과 달력을 비워 주었다. 나머지 팀원들인 앨리슨 오덤, 바버라 새그니스, 민디 헤이거, 리즈 크라코, 리사 웨더스, 드니스 니슨, 미치 존슨 또한 우리가 우리의 단 하나를 할 수 있도록 각자의 단 하나를 열심히 해주었다.

회사의 내 파트너들도 글을 쓰는 동안 각자의 아이디어와 격려를 아끼지 않았다. 모 앤더슨, 마크 윌리스, 메리 테넌트, 크리스 헬러, 존 데이비스, 토니 디첼로, 다이애나와 숀 코코스카, 짐 탤벗에게 감사한다. 여러분 모두 최고다! 엘렌 마크스가 이끄는 우리 마케팅 팀은 책 디자인 전반을 작업해 주었다. 애니 스위트, 힐러리 콜브, 스테파니 밴 호이크, 로라 프라이스, 그리고 재능 넘치는 디자이너인 마이클 발리스트레리와 케이틀린 매킨토시, 제작 팀의 타마라 허비츠, 제프 라이더, 오웬 깁스, 웹 팀의 헌터 프레이지어와 베로니카 디아즈에게도 고마움을 전한다. 케리 실베스터, 마이크 말리노스키, 벤 메리필드는 피드 마그넷과 NVNTD 같은 파트너들과 힘을 합쳐 사무실 안팎에서 IT 업무에 힘썼다. 앤서니 아자르, 톰 프리드리히, 대니 톰슨은 현장의 우리 파트너뿐 아니라 판매업체와 협력하여 우리 책이 최대한 많이 팔리도록 도움을 주었다. 출판 전후에 많은 도움을 준 KW 연구소의 케이틀린 머천트와 KWU의 모나 코비, 줄리 판테치, 던 스로카에게도 감사한다.

　또한 우리는 단 하나의 원칙을 진정으로 이해하고 그것을 몸소 실천하는 바드 프레스의 레이 바드와 함께 일하면서 많은 도움을 받았다. 그는 우리가 집필하는 동안 조언해 주고, 도와주고, 격려해 준 훌륭한 팀을 소집해 주었으며, 후에 편집하는 동안에는 책을 최고로 뽑아낼 수 있도록 우리에게 많은 자극을 주었다. 출판 팀의 편집주간 셰리 스프라그, 편집자 제프 모리스, 교열 담당자 데보라 코스텐베이더, 랜디 미야케, 헤스핀하이드 디자인의 게리 헤스핀하이드, 교정자 루크 톤, 색인 작성자 린다 웹스터에게 감사한다.

　여러 연구원, 교수, 작가들이 다양한 주제에 대한 우리의 질문에 적극적으로 답해 주었다. 플로리다 주립대학교의 프랜시스 엡스 에미넌트 스칼라이자 사회심리학 학과장인 로이 보마이스터, 미국국가과학재단의 사회, 행동, 경제과학 부서장 마이런 거트먼, 모리스 미네소타 대학교의 심리학 명예교수 에릭 클링거, 캘리포니아 스탠포드 경영대학원의 부교수 조너선 레바브, 웹사이트 wordspy.com의 저자 폴 맥페드리스, 미시건 대학교 인지 및 지각 프로그램의 심리학 교수이자 동 대학 두뇌, 인지, 행동 연구소 소장 데이비드 마이어, 미네소타 대학교의 사회학 맥나이트 학장 필리스 모엔, 고등연구소의 역사학, 사회과학 도서관의 에리카 모스너, 브로니 웨어의 웹사이트 담당자로서 도움을 아끼지 않았던 레이철, 드와이트 아이젠하워 도서관의 발루이즈 암스트롱, 일리노이 대학교의 심리학과 명예교수이자 작가인 에드 데이너 박사, 프랭클린 코비의 선임 컨설턴트 제임스 캐스카트에게 진심 어린 감사를 전한다. 또한 베일러 대학교의 핸케이머 경영대학원 켈러 센터와 집필 초기 멀티태스킹에 관한 연구로 도움을 준 케이시 블레인에게도 감사한다. 그리고 마지막으로 나의 사업 코치에게 감사를 빼먹어선 안 될 것이다.

끝으로 오래전 사물을 보는 나의 시각과 업무 방식을 바꾸어 놓은 통찰을 제공한 베인 헤니언에게 고마움을 전한다.

진심으로 모두에게 감사드린다.